W0057547

INSELLUFT
MIT HONIGDUFT

KERIN SCHMIDT

INSELLUFT MIT HONIGDUFT

Mein Leben auf Sylt
im Wechsel der Gezeiten

Inhalt

Für meine Mama
Ich liebe dich

Prolog – Gänsehaut

»Moin, moin und herzlich willkommen auf dem Sylt Shuttle der Deutschen Bahn. Schön, dass Sie sich für den schnellsten und bequemsten Weg entschieden haben. Bevor der Sylt Shuttle für Sie startet, beachten Sie bitte Folgendes: Ziehen Sie die Handbremse an ... Wir wünschen Ihnen eine angenehme Überfahrt und einen schönen Aufenthalt auf Sylt. Allen Syltern sagen wir: Herzlich willkommen zu Hause!«

Die Worte der Lautsprecheransage verlieren sich zwischen meinen Ohren in einem Nichts. Es ist nicht tragisch. Unzählige Male habe ich der freundlichen Männerstimme gelauscht und bin ihren Anweisungen gefolgt, im Auto, auf dem Autozug von Niebüll bis nach Westerland. Doch heute ist alles anders. Ich fühle mich schwammig, und meine Kräfte lassen nach. Ich sinke in den Sitz und atme schwer aus. Ausatmen. Immer wieder langsam ein- und ausatmen. Das kenne ich, darin habe ich mich vor drei Tagen ausgiebig geübt. Der Zug setzt sich in Bewegung. Endlich. Das Rattern der robusten Waggons legt kleine Gewichte auf meine Augenlider. Schlafen? Nein, jetzt nicht. Wie könnte ich nur? Schließlich habe ich es gleich geschafft. Nur noch der Hindenburgdamm, und dann bin ich da. Dann sind wir da.

Meine Mundwinkel zucken. Eine Welle der Zufriedenheit überkommt mich. Der Zug fährt über das Festland, und es wird nicht lange dauern, dann sehe ich das Meer.

Meine Schultern betten sich in die Polster und werden weich. Augen durchbohren mich durch den Rückspiegel, doch mein Blick weicht ihnen aus, schweift zu meiner Rechten, und die Uhren dieser Welt frieren ein. Es wird heiß, es ist kalt. Meine Haut kribbelt, und die Haare stellen sich auf. Es ist, als würde die Sonne in mir brennen. Mitten im Januar. Der Autozug wiegt mich in zahllosen Gefühlen, von denen ich zuvor niemals erahnen konnte, dass es sie gibt.

Wie eine Mischung aus Pommes mit Vanilleeis, dazu Algensalat in Bananensoße, verfeinert mit einem Tupfer Avocadocreme. Wie Wildkräuter in Rapshonig mit heißen Himbeeren auf Pfannkuchen.

Unter einer Wolkendecke breitet sich die Weite der Nordsee aus und spiegelt sich im Wattenmeer. Ebbe. Und dann kommt Sylt. Winzig klein sehe ich die von trockenem Heidekraut bedeckten Dünen der Insel vor mir. Morsum, endlich sind wir wieder vereint.

Teil 1

EINE KINDHEIT AUF SYLT

Der Jahrhundertsommer 1983 lockte die Menschen ans Meer. Sylts Küste hustete die Badegäste chronisch in die Nordsee, Salz und Sand panierte ihre Haut, bis sie unter den nordischen Sonnenstrahlen bei Höchsttemperaturen rot-knusprig gebraten ihren Garpunkt erreichten.

Die 98 Quadratkilometer große Nordseeinsel posierte für die Fotoapparate der Touristen und zeigte sich von ihrer besten Seite. Überlaufen, geliebt, bestaunt und bewundert ließ Sylt sich feiern. Am vierzig Kilometer langen Sandstrand mit den himmelhohen Wellen, die ihren heilenden Sprühregen in die Luft stäubten, atmeten Tausende von Lungen die Mineralien und Spurenelemente ein und kosteten von ihrer wohltuenden Kraft.

Nach der Walfang- und Fischerzeit erlangte die Insel durch den in vier Jahren erbauten und nach dem damaligen Reichspräsidenten benannten Hindenburgdamm 1927 endgültig einen der ersten Plätze in der Rangliste der beliebtesten deutschen Urlaubsziele. Der Damm brachte den Syltern Unabhängigkeit, und die Touristen überquerten die Bahnstrecke scharenweise. Eine Morsumer Pastorentochter überreichte Paul von Hindenburg zur Jungfernfahrt des ersten Zuges über den neuen, ausschließlich für den Eisenbahnverkehr erbauten Damm einen Blumenstrauß durch das Fenster, und die neue Zeit wurde besiegelt.

Der Damm durchbrach jedoch auch die natürliche Strömung des Wattenmeeres, und auf seinem Pfad pilgerten Maulwürfe und Füchse zu den exklusivsten Plätzen der Insel, gefolgt von Haien, die bequemlicherweise mit dem Zug anreisten. Immobilienhaie. Die Immobilienpreise kletterten die Skala der Hochpreisigkeit hinauf und brachten den einen oder anderen Einheimischen in Bedrängnis.

Im Jahr 1983 wurde die Sandvorspülung zu einem alljährlichen Ritual, mit der die Strände vor Schwund geschützt werden sollten. Seitdem fahren jedes Jahr aufs Neue Baggerschiffe in die Nordsee, pumpen Sand in sich hinein und spucken ihn am Saum der Insel wieder aus.

Sylt wurde durch den erstmals auf der Insel ausgetragenen World Cup als Surfparadies international bekannt, und viele kleine Sylter erblickten das Licht der Welt. Darunter auch ich.

Eine kleine Sylterin, geboren in Westerland, zu Hause in Morsum. Eine von rund 23.000 Einwohnern der Insel, auf der noch Sölring gesprochen wird, ein Dialekt des Friesischen. Sölring ist eine eigenständige autochthone Sprache. Dieser friesische Dialekt ist auf Sylt entstanden, und es gibt ihn seit dem achten Jahrhundert nur auf dieser Insel. Sölring gehört zu den sogenannten kleinen Sprachen und wird durch die Europäische Charta der Menschenrechte geschützt. Die Sylter sprechen nicht nur Sölring, sie sind Sölring.

Sylt, die wohlgeformte Insel, luftig bis stürmisch, mit zwölf beschaulichen Orten und alten reetgedeckten Friesenhäusern, lädt mit seinen halb geöffneten Kiek-in-Türen zum Schnacken ein. Eine Insel mit dunklen Wintermonaten und sonnigen Sommertagen. Geprägt von Reizklima, Wind und einem »Moin« als Begrüßung, egal zu welcher Tageszeit.

Trecker ahoi

»Ich möchte aber Leberwursteis!«

Ich stampfte so doll auf, dass meine blonden Zöpfe mir um den Kopf wirbelten. Mit fest zusammengezogenen Augenbrauen stand ich im Tante-Emma-Laden neben der Kasse. Mitten in Morsum, umgeben von Morsumern.

»Es gibt aber kein Leberwursteis, Kerin! Das habe ich dir schon zigmal gesagt!«

»Doch, das gibt es Mama, wirklich!« Meine Stimme brach, und Tränen kullerten mir übers Gesicht.

Die Kassiererin – Tante Hella – und Bekannte aus der Nachbarschaft schauten mich mitleidig an. Meine Mama nahm mich in den Arm, um mich zu trösten. Ihr blondes, dauergewelltes Haar legte sich um mein Gesicht.

»Dann erzähl mir doch noch einmal, wie es aussieht, vielleicht finden wir es!«

Von da an durchstöberten wir die Einkaufsläden der Insel, und meine Mutter suchte mit mir nach dem Leberwursteis, das mich nicht mehr losließ. Ob in Morsum, in Tinnum oder in Westerland, keine Eistheke war vor uns sicher, bis wir es fanden. Letztlich stellte sich heraus, dass die Farbe der Schlüssel zu meinem Geschmack war. Walnusseis: leicht grau-bräunlich, cremig-zart – wie Leberwurst eben.

Zufrieden, mit einem von Walnusseis gefüllten vier Jahre jungen Magen, nahm ich auf der Rückbank Platz, und meine Mutter schnallte mich an. Angeschubst vom erfrischenden Küstenwind, stotterte unsere orangefarbene Ente Richtung Sylter Osten. Der

Einkauf rutschte in den Kurven durch den Wagen, während Westerland hinter uns verschwand. Trockene Felder säumten den Straßenrand. Wir holperten durch den Keitumer Ortskern, am Grünhof und seinem Gestüt vorbei. Damals existierte keine Umgehungsstraße, das kleine Dorf und sein Asphalt mussten einiges ertragen. Auf dem Weg hob meine Mutter eifrig den Zeigefinger zur Begrüßung. »Dai«, sagte sie mit einem Grinsen. Kurz, knapp, Sölring. »Guten Tag.« Die Straßen flimmerten unter den Sonnenstrahlen. Frische Heuballen standen auf den Feldern und warteten darauf, auf Anhänger gestapelt und abtransportiert zu werden.

Ich streckte die Nase durch den Spalt des Fensters. Der Staub der Erntezeit kitzelte meine Haut. Im Ortskern Morsums angelangt, drosselte meine Mutter das Tempo. Wir tuckerten an den Einfamilienhäusern mit ihren rosa und weißen Heckenrosen vorbei. Hortensien schimmerten in allen Farben. Mama streckte ihren Hals, sie liebte Blumen.

Die Reifen vertieften die bereits bestehenden Furchen in unserem Rasen, als meine Mutter das kleine Gefährt vor unserem Hof parkte. Das alte Gemäuer stand trotz der wütenden Stürme fest auf dem Grundstück. Ein Hut aus Reet schützte die Familie vor Regen und bot Insekten Unterschlupf. Mein Vater hatte das Haus frisch decken lassen, doch der charakteristische Graustich schlich sich zügig ein.

Opa Gogge stand mit dampfender Pfeife im Mundwinkel am Straßenrand und schnackte mit Onkel Jeppe. Jeppe war einer von drei Brüdern meines Vaters und lebte in unmittelbarer Nachbarschaft. Papas Geschwister waren mit Ausnahme einer seiner Schwestern Morsum treu geblieben, was mir als Einzelkind zugutekam. Stets war Leben auf und um unseren Hof, und jeder behielt mich fürsorglich im Blick.

Meine Mutter schnallte mich ab, und ich sprang mit einem Satz aus der Ente. Jule bellte auf und rannte uns schwanzwedelnd entgegen. Ihr struppiges Haar stand wie bei einem Streuner zu Berge. Welche Rassen sie in sich trug, war ihr Geheimnis, aber ein Schnauzer war definitiv erkennbar. Ihre kühle Nase schnupperte nach den Eisresten, die an meinem Kinn hingen. Ich kicherte und schubste sie weg.

»Hallo, Opa, wo ist Papa?«

Opa Gogge richtete seine karierte Schirmmütze, hielt die Pfeife fest zwischen den Zähnen und ließ die Hände in den Hosentaschen ruhen.

»Moin, Kerin, der ist bestimmt hinten. Ich habe ihn vorhin noch im Kuhstall gesehen!«

Wenn mein Großvater neben Onkel Jeppe stand, wurde noch deutlicher, wie alt er bereits war. Seine drahtige Gestalt hielt sich auf recht dürren Beinen, was ihn aber nie davon abhielt, mich in der Schubkarre durch meine kleine Welt zu schieben, am liebsten mit frisch gemähtem Gras unter meinem Hintern.

Onkel Jeppe war kräftig und leicht bauchig veranlagt, sein Bart war lang und der Blick fest. Für einen Friesen war er groß, und sein Kopf thronte wie der eines Königs mit gemächlicher Miene auf seinen Schultern. Er musterte stets jeden Stein, bevor er den nächsten Schritt tat. Fast immer an seiner Seite Tante Hulda, die bekannt dafür war, sich nur von ihrem Mann die Haare schneiden zu lassen, obwohl ihre Tochter den Beruf der Friseurin ausübte. Mit spitzem Näschen und zierlichem Körper erheiterte sie mit ihrem trockenen Sprachwitz ihre Umgebung.

Ein kurzer Blickwechsel mit Mama genügte, und ich stürmte los. Mit Jule im Schlepptau rannte ich durch den großen Garten, winkend am Küchenfenster meiner Oma vorbei, bis hin zum Kuhstall. Doch mein Vater war nirgends zu sehen. Jule sprang vergnügt an mir hoch und bellte. Ich streichelte ihr kurzes Fell und folgte ihren vier Pfoten bis zum prall gefüllten Misthaufen, in dem sie sich ab und an suhlte. Auf der anderen Seite, bei den Pferden, entdeckte ich meinen Vater zwischen Werkzeugkasten und Treckerreifen.

»Hallo, Papa, was machst du da?«

Mein Vater drehte sich zu mir, lächelte und sank in seiner schmutzigen Arbeitshose auf die Knie. Er breitete die Arme wie zwei Segel aus und wickelte mich darin ein. Meine Wange schmiegte sich an sein Gesicht.

»Manno, Papa, dein Bart kratzt!«

Seine blauen Augen leuchteten.

»Soll ich mich wieder rasieren, mein Küke?«

Ich schüttelte den Kopf – sein Bart stand ihm – und vergrub mein Gesicht in seinem Hals.

»Ich habe gerade am Trecker gearbeitet und fahre bei den Schafen vorbei, möchtest du mit?«

Der Geruch von wohlig warmen Tieren, Kuhstall und Milch kroch in meine Nase. Papas Haut duftete nach Geborgenheit und Liebe.

Mein Vater löste seinen Griff, hinter uns rief jemand.

Tjarve, der aschblonde Nachbarsjunge mit den eisblauen Augen, stolperte schwer bepackt mit zwei weißen Milchkannen auf den Hof und lachte über Jule, die einen Pferdeapfel kaute.

Ich zog eine Schnute.

»Ihhh, Jule frisst wieder Pferdekacke, Papa!«

Er setzte mich ab.

»Das macht nichts, Kerin. Das ist gesund!«

Ich schüttelte mich und riss Tjarve eine Milchkanne aus den Händen. Sein Mund zeigte einen Halbmond, der die Spitzen hängen ließ, als Jule weitermüffelte.

Wir folgten meinem Vater in die Milchkammer und schöpften etwas des frischen, reichhaltigen weißen Glücks in die Kannen.

Tjarve war, wie fünf weitere Kinder, fester Bestandteil der Nachbarschaft und kannte jede Ecke unseres Hofes auswendig. Akribisch hatte er mit seinen »Schmutzschuhen« – Turnschuhe, die jede Pfütze und Matschkuhle mitnahmen – alles erkundet, um es im Kopf abzuspeichern. Erstaunlich, was ein vierjähriger Junge sich merken konnte, ständig überraschte er uns mit seinen Erinnerungen.

Wir alberten neben meinem Vater her und neckten uns mit Strohhalmen, die wir uns gegenseitig in den Bauch piksten. Sand, der an unserer Kleidung klebe, rieselte auf die Fliesen.

»Papa, darf ich wieder das Sieb saubermachen?«, fragte ich, bevor er den Behälter schloss.

»Später, Kerin, wir wollen doch jetzt los!«, sagte er und schickte uns nach draußen. Ich kniff meine Lippen zusammen. Auf dem Sieb im Milchbottich lag eine weiße Schicht auf dem Fließ, das zum Säubern diente.

»Tüs, bis bald!«, rief ich Tjarve nach, der stöhnend die vollen Milchkannen davonschleppte, und hüpfte zu unserem grünen Trecker. Mein Vater half mir den Tritt hoch, bis ich auf meinem Lieblingsplatz saß. Brav umklammerte ich die Griffe. Der Motor röhrte wie ein Hirsch zur Brunftzeit und brachte uns in Bewegung. Wir tuckerten über die Brücke, unter der die Züge entlangfuhren, Richtung Morsumer Wäldchen. Dort sammelte ich jedes Jahr zu Ostern Moos, um für den Hasen viele kleine Nester zu bauen, in der Hoffnung, Tausende bunte Eier und Schokomarienkäfer abzustauben. Am schmalen Weg hinter dem Waldstück gab es das saftigste und frischeste Gut für meine Osternester.

Der Trecker schüttelte mich durch, und ich stieß wackeliges Gelächter aus. Er war unfassbar laut, meißelte aber ein breites

Grinsen in mein Gesicht. Mit gestrecktem Hals saß ich auf meinem Platz und winkte mich durch den Ort. Die Felder waren trotz der Hitze an vereinzelten Stellen in leuchtendes Grün gefärbt, und die Kühe mähten das Gras mit ihren Mäulern raspelkurz, wie auch auf der Wiese bei uns zu Hause. Dort kauten die Kühe von früh bis spät, und zwischendurch wurden sie zum Melken in den Stall geführt.

Ein weiterer Landwirt kreuzte unseren Weg – der beste Freund meines Vaters. Gemeinsam halfen sie einander, die Heuernte zu bewältigen, Silo zu fahren und Rinder zu treiben. Sie unterstützten sich und schimpften gemeinsam das eine oder andere Mal über die Tiere, das ewige Melken und die Wetterlage.

Mein Vater stieg in die Bremsen und hielt einen Plausch mit seinem Freund, während ich von einer Pobacke auf die andere rutschte und mit dem Knauf des Lenkrads spielte.

Ich sah zu den Häusern hinüber, wo Bekannte gerade den Gartenzaun strichen und Unkraut jäteten. Alle Haushalte waren von Einwohnern und Urlaubern, die überall ihre Plätze fanden, bewohnt, und das war gut so. Zu Zeiten, in denen viele die Pfennige für neue Latschen sammelten, schöpften die Einwohner aus der Quelle der Vermietung an Feriengäste. Meine Mutter musste zu Kindheitstagen mit ihren vier Geschwistern in die Garage umziehen, damit über die Sommermonate Kleingeld in die Haushaltskasse floss. Sie räumten ihre Kinderzimmer leer, bezogen ihr Übergangsquartier oder zelteten im Garten.

Mein Vater verabschiedete sich, und wir fuhren durch die verschiedenen Morsumer Ortsteile. Hinter Nösse liegt Klein-Morsum, von dort ging es durch Groß-Morsum bis nach Osterende und wieder zurück. Zwischendurch hielten wir bei den Schafen an, die einen der schönsten Plätze der Insel bewohnten. Sie grasten über den Deich und ließen sich vom Wind erfrischen. Keines lag auf dem Rücken, und mein Vater atmete auf.

»Heute müssen wir keine Schafe schubsen, mein Küke«, lachte er erleichtert.

Schafe schubsen war keine sportliche Aktivität, es rettete Tierleben. Jeder, der einem Schaf, das aus der Rücken- oder Seitenlage nicht mehr hochkam, auf die Beine half, war ein kleiner Held. Aber das war mein Papa für mich sowieso.

Zu Hause angekommen, lief ich mit meinem Vater zu Oma Matche, die wieder einmal vor dem Fenster saß, um nichts zu verpassen. Das graue Haar lockte sich über ihrem Kopf – die Dauerwelle war frisch. Ihr blasser Teint war für eine Frau Mitte siebzig untypisch glatt. Ihr Kinn und ihre Nase waren markant, die Gesichtszüge sanft. Sie hatte in ihrem Leben sechs Kinder geboren, meinen Vater erst mit Anfang vierzig. Er war der Nachzügler, mit dem niemand mehr gerechnet hatte. Seine Schwestern gebaren fast zur selben Zeit ihre Kinder, weswegen er für sie oft als Kind und nicht als Bruder durchging. Somit wurde auch ich spät in die Familie geboren und war das kleine Küken. Ein Status, den ich genoss.

Meine Großmutter war gern auf dem Hof zu Hause, sie bewegte sich kaum fort. Dafür kroch sie jede Woche auf allen vieren über den Dielenboden und bohnerte sich frei.

Bei Oma Matche und Opa Gogge konnte ich mich von Nord bis Süd und von Ost bis West entfalten. Ich stieg durch die Fenster ein und aus, tobte deutlich zu laut durch die Räume und naschte mich durch die Süßigkeiten im Haus. In ihrem Flur zwischen Bad, Küche und Schlafzimmer spielte ich in der Garderobe Fahrstuhl und stibitzte dabei Omas Friesenkekse aus einer der fünf riesigen Dosen, die oben im Regal standen. Ich sang den ganzen Tag und erzählte alles, was mir durch den Kopf schoss. Eines war klar: Wer so viele

Kekse wie meine Oma backte, der bekam häufig Besuch. Hier war man selten allein. Die Familie hatte sich nie abgenabelt. Dass ich diejenige sein sollte, die diesem Segen eines Tages zu trotzen wagen würde, ahnte damals niemand.

Meine Oma lächelte, als wir an diesem Tag eintraten.

»Moin, Kerin, soll Oma dir wohl Pfannkuchen machen?«

Ich klatschte in die Hände und flitzte über den knarrenden Boden. Mein Vater nahm sich ein Glas Wasser und setzte sich auf einen der grünen Holzstühle, der ebenfalls knarrte. Er nahm die Zeitung, meine Oma rührte den Teig an, und Tante Hanne kam herein. Mit mütterlichen Kurven und ihrem ewigen Lächeln trällerte sie los. Die Geschwister und ihre Eltern sprachen stets Sölring miteinander. Meist war ich so in meine Gedanken vertieft, dass die Gespräche wie kleine weiße Wölkchen an mir vorbeizogen. Nur manchmal hörte ich angestrengt zu, um etwas zu verstehen.

Tante Hanne fragte mich nach meinem Tag aus.

»Dü sket sölring snaki! – Du sollst Sölring sprechen!«, sagte Onkel Jeppe laut, als er in die Küche eintrat.

Ich kniff die Augen zusammen.

»Aber warum, ihr versteht mich doch!«, schnaufte ich und stützte meine Ellenbogen auf den Tisch.

Mein Vater ignorierte den Kommentar von Onkel Jeppe und las ungerührt weiter.

Ob es das etwas störrische und praktisch veranlagte Morsumer Friesenblut war oder einer der Charakterzüge, die durch meine Adern flossen, das ließ sich damals nicht deuten. Möglicherweise war es eine satte Mischung aus beidem, was mich trotzen ließ.

Tante Irma, ein Ebenbild meiner Oma, trat herein und es wurde laut. Die beiden Schwestern redeten mehr als alle vier Brüder

zusammen. Während ich Omas Pfannkuchen – klein, rund, unge-
süßt, knusprig und vor Fett triefend – mit der Hand in das Apfelmus tunkte, quatschten sich die Damen im Wettstreit um den ersten
Platz der meistgesagten Wörter warm. Wie immer beteiligten sie
sich am Inseltratsch, der sich hauptsächlich auf Morsum bezog. Die
Namen, die zwischen ihnen hin- und herflogen, sagten mir nichts,
doch ihre Stimmen überschlugen sich wie herbstliche Wellen in der
Nordsee. Die Männer schwiegen.

Das Fenstergucken war ein äußerst beliebtes Dorfhobby, das
die gesamte Gemeinde leidenschaftlich betrieb und welches zu
allerlei Vermutungen Anlass gab. An Kiek-in-Türen, Einfahrten,
beim Bäcker oder im Kaufmannsladen wurden die wildesten Ge-
rüchte ausgetauscht.

»Schau mal, was der Jokke gekauft hat! Das Geld hat er bestimmt vom Kartenspielen, der treibt sich nachts doch immer rum!«

»Hille, der Idiot! Ist doch zu blöd, um die Hecke zu schneiden.
Aber wer seinen Onkel als Vater hat, der kann ja nichts taugen!«

»Gutlinde haben wir ja ewig nicht mehr gesehen, wo die sich
wohl rumtreibt? Meinst du, die hat was mit dem Jens Pepe, der
gafft sie bei den Festen immer an, und seit Neustem spaziert er mit
seinem Hund an ihrem Haus vorbei. Na ja, wenigstens geht er spazieren, im Gegensatz zu den Ohlesens, die den Köter nur zum Pin-
keln die Straße hoch- und runterjagen!«

»Wie? Johanna ist schwanger? Oha, da kommen ja gleich drei
Väter infrage, die Annemarie sieht ständig neue Männer durch den
Garten schleichen. Na, wie die Mutter, so die ...«

Wer Ruhe suchte, war hier definitiv fehl am Platz.

Meine Oma räusperte sich.

»Kerin, möchtest du noch mehr Pfannkuchen essen?«

Sie zog sich den blau geblümten Kittel glatt, der ihren kleinen Bauch versteckte.

Ich wischte mir eine Haarsträhne aus dem Gesicht. Fett klebte an meinen Händen. Ein dicker Pfannkuchen lachte mich an. Ich griff nach ihm, tauchte ihn in das Apfelmus und schluckte eifrig ein Stück hinunter, doch das Stopfen bekam mir nicht. Mein Bauch war voll wie der einer Weihnachtsgans. Ich leckte meine Finger ab und lehnte mich zurück.

»Dann bekommt Jule den Rest, einverstanden?«

Ich nickte schweren Herzens.

Mein Vater wischte mir die Hände sauber. Ich stellte mich auf den Stuhl und sah durch die Scheibe in unseren Garten. Meine Großmutter öffnete nebenan das Badezimmerfenster, und die restlichen Pfannkuchen plumpsten müde ins Gras.

»Jule, komm her! Juleee, es gibt Pfannkuchen!«

Unsere Hündin schüttelte den Schlaf von sich und trottete los, um die Reste zu verschlingen. Im Gras müffelte Mutters Kaninchen Gurke desinteressiert an etwas Salat. Ich drückte die Nase an das Glas und hauchte dagegen. Meine kleinen Fingerkuppen malten eine Sonne. Papa lachte, nahm mich auf den Arm, wir verabschiedeten uns, und er trug mich nach draußen. Meine Mutter jätete in ihrem Beet, während Jule mit vollem Magen in der Sonne döste.

»Hallo, Gurke«, sagte ich, hockte mich in den Rasen und streichelte das Fell des Kaninchens. Seine Schlappohren hingen im Gras.

Meine Mutter setzte sich zu mir.

»Na, mein Kükelük, wie war es auf dem Trecker?«

Ich drückte Gurke an mich und ließ seine Schnute über meine Haut schnüffeln.

»Toll, Mama, ich durfte richtig lange mitfahren!«

Ihr Gesicht leuchtete auf, und sie gab mir einen Kuss.

Dass die Zeit so vieles verändern sollte, daran war damals nicht zu denken.

Was habe ich für ein Glück, die Tochter meiner Eltern geworden zu sein. Sie nährten mich mit Liebe, Geborgenheit und Zusammenhalt, was mich wachsen ließ und Respekt für Mensch und Tier lehrte. Und dann hatten sie mich in diese atemberaubende Landschaft geboren. Am Rande von Morsum, nahe des Kliffs, auf einem der Bauernhöfe der Insel Sylt. Zwischen Kuh und Schaf, Heu und Stroh und zwischen Mama und Papa lebte ich den Traum einer Kindheit. Doch was für mich idyllisch war, hatte ebenso seine Schattenseiten. Die kurzen Nächte, die das frühe Melken der Kühe erforderte, die ständige Sorge um das Wohlergehen der Tiere und die Ernten, die nach Wind und Wetter gerichtet waren, kosteten Kraft und Nerven. Während die Kühe mit ausgesaugten Eutern zurück zur Fenne trabten, wurde ausgemistet, Wasser aufgefüllt und Stroh verteilt.

Mit meiner Mutter an den Deich zu fahren, um die rostige Wasserpumpe per Hand zu betätigen, ließ mein Herz stets höherschlagen. Die Schafe standen durstig vor uns und wedelten erwartungsfroh mit ihren Stummelschwänzchen. Der Puls meiner Mutter stieg ebenfalls, aus purer Anstrengung. Sie rackerte sich täglich, bei Sturm, Hagel oder praller Mittagssonne, ab, damit alle Schafe gut versorgt waren.

Auch die Flaschenlämmer, die nach der Geburt von der Mutter verstoßen wurden oder für die die Muttermilch nicht reichte, wurden stets umsorgt.

Während ich mich als Kind an den zahmen Lämmern erfreute und ihnen das kräuselige Fell streichelte, hielt meine Mutter den straffen Fütterplan meisterhaft ein. Alle zwei Stunden rührte sie in der Küche die Milch für die Tiere an, die ihnen dann per Flasche zugeführt wurde. Für mich war es eine perfekte Aufgabe – die angereicherte Milch duftete lieblich, vollmundig und weich –, für meine Mutter war es wieder harte Arbeit. Besonders in den Nächten, in denen ich im Bettchen lag und schlummerte.

Die Laute der jungen Lämmer gehören für mich zu den schönsten Geräuschen, die man auf dieser Erde hören kann. Wenn das Frühjahr einkehrt und die Lämmchen geboren werden, schlüpft ein bisschen Frieden. Die hölzernen Gehversuche der Kleinen und die besorgten, gutmütigen Mütter, die bedächtig grasen, während ihre Kinder wild und entschlossen von ihnen trinken, zaubern mir Flügel, die mich durch die Träume tragen. Es sind Momente, in denen es sich stundenlang zu verweilen lohnt. Und wenn die Lämmchen erschöpft vom Takt des Atems ihrer Mütter in ihrer Wolle einschlafen, dann erstrahlt das Leben in hellem Licht.

Das Leben auf dem Bauernhof, umschmeichelt von den Nuancen der wilden Natur und der saftigen Brandung, hatte mich geprägt. Trotz der vielen Arbeit lebten wir voller Glück und Liebe zu dem, was und wie wir es lebten. Meine Eltern gingen mit Herz und Stolz jeden Tag aufs Neue ihrer Passion nach und hielten mich dabei fest in den Armen, während ich bewundernd zu ihnen aufsah. Die Superhelden meines Lebens. Familienglück pur.

Morsum, unser geliebtes Dorf, bettete mich und meine Eltern in eine sichere Hülle voller Traditionen, Gemeinschaft und belebender Luft. Wir atmeten unser Dorf ein, wie alle anderen Dörflinge es auch taten, voller Inbrunst und mit klarem Blick in die Zukunft.

Doch mit den Jahren geriet meine Welt ins Schwanken. Mein Zuhause, Morsum und die ganze Insel.

Heute hat die Dichte der Trecker auf Morsums Straßen, wie auch in anderen Orten Sylts, leider deutlich abgenommen. Dafür ist das Aufkommen an Autos, die kein NF-Kennzeichen haben, immens gestiegen. Viele der Felder, die in meiner Kindheit die Weite der Insel zeigten, sind heute bebaut. Das Grün ist dem Geld gewichen. Zweitwohnbesitzer brüsten sich mit Eigentum, Sylter fühlen sich verjagt. Die Insel lebt, mehr denn je. Doch was ist das für ein Leben? Die meisten der Wege sind asphaltiert, Hotels und gastronomische Betriebe reihen sich aneinander, und auf den Straßen staut es sich, vor allem wenn Gäste an- und abreisen. Dass die Sylter die Insel nicht so schnell verlassen können, wie es ihnen lieb wäre, auch in dringenden Fällen, lässt manches Mal eine Flut aus Wut und Beschimpfungen regnen.

Für mich kleines Mädchen waren große Veränderungen nichts. Als unser Schotterweg am Straßenrand einem Bürgersteig weichen sollte, hätte ich am liebsten protestierend neben den Bauarbeitern gestanden.

War nicht alles gut gewesen, wie es war?

Es hatte doch funktioniert!

Es dauerte eine Weile, doch dann eroberten die Räder meines rosa Fahrrads die Pflastersteine, und ich radelte den Weg johlend auf und ab.

Vieles war im Umbruch, unterworfen dem Laufe der Gezeiten, aber ist das immer gut oder schlecht? Es gibt so viel mehr zwischen Schwarz und Weiß!

Denn wenn der Wind die Wolken wie eine aufgebrachte Schafsherde durch die Lüfte treibt, gefüllt mit dicken Regentropfen, und die Sonne ihnen trotzt, dann wird sie sichtbar, die bunte Vielfalt dieser Insel. Wenn die Regenbögen über dem Wattenmeer die Brücken zwischen Morsum und List bilden und die Fähre nach Däne-

mark in den Wellen treibt, wenn die Heckenrosen ihren Duft ver-
breiten und das Meer im Wind tanzt, dann ist meine Heimat eins.

Sylt bleibt Sylt. Die Insel, die sie im Herzen ist.

Auch wenn mehr Häuser in den Orten stehen und man nicht
jeden, den man auf der Straße trifft, mit seinen Falten und Marot-
ten auswendig zu kennen meint, bleibt das Kliff das Kliff, die Heide
die Heide, die Dünen bleiben die Dünen, und der Strand bleibt der
Strand mit seinem Sand. Und das Meer bleibt das Meer. Für immer.

Ein Kälbchen und ein Lämmchen

Wenn junge Amseln auf den Zäunen ihre Texte lernen, die Schneeglöckchen ihre Tüllkleider aufplustern und die Schneereste von den Reetdachhalmen tropfen, reibt sich Sylt nach dem Winterschlaf Sand und Salz aus den Augen. Altes Moos wird auf den Dächern sichtbar, die Gräser strecken sich nach Licht, und die Feriengäste klingeln an den Türen. Susi, die alte Schildkrötendame, streckt ihren Kopf durch das Laub und begrüßt Onkel Albert, der sie sehnsüchtig erwartet. Weiße Blüten springen aus den Knospen unseres Birnenbaums, der wie eine Königin über unseren Garten wacht.

Der Frühling holt tief Luft, bläst seinen Blütenduft weit über Sylt, und Liebe wird geboren.

Der Frühling 1988 duftete nach zartem Erwachen und neuem Leben. Onkel Albert und Tante Hella, einen Zaungruß von unserem Grundstück entfernt, kümmerten sich rührend um ihre Susi und mich. Albert, der Sammler und Bastler der Familie und ein Bruder meines Vaters, strahlte nordische Gelassenheit aus und sparte gerne mit Worten. Seine Frau hingegen – Tante Hella – plapperte gern und passte damit hervorragend zu ihren Schwägerinnen.

Die zwei Schwestern meines Vaters, Hanne und Irma, genossen Hellas Gesellschaft. Sie trafen sich regelmäßig, um bei einer Tasse Kaffee oder einem schwarzen Tee die wildesten Neuigkeiten auszutauschen. Und wenn es nichts gab, dann fanden sie genügend Themen, um ihren Wortverbrauchsdrang für einen ganzen Tag innerhalb von zwei Stunden zu befriedigen. Sie waren fleißig, in jeglicher Hinsicht. Zu Hause weckten sie die reiche Kost aus ihren Gärten ein, backten Kuchen für die Freunde und erfreuten sich an ihren Kindern und Enkelkindern. Wie die Männer packten die Damen des Hauses immer mit an. Ständig gab es etwas zu erledigen, und für keine Gartenarbeit, das Zerlegen der Tiere oder gar das Führen einer Gastwirtschaft waren sie sich zu schade. Sie hießen Feriengäste willkommen und schwangen zur Abreise Lappen und Besen. Mütterlich kümmerten sie sich um jedes Mitglied der Familie. Sie kochten in großen Töpfen, damit jeder satt wurde, und wenn ihnen jemand die Arbeit von den Schultern zu nehmen versuchte, verteidigten sie ihre Last. Ohne Last zu viel Rast – nichts, womit sie ihre Lebtage vergeuden wollten. In der Gesellschaft meiner Familie labte ich mich an den schönen Bauernhoferlebnissen, an den Momenten voller Magie, Herzpochen und Freudestrahlen.

Wie auch an jenem Frühlingstag. Die Schwalben drehten große Kreise über dem Kuhstall und tauchten im sachten Wind. Die Brise versuchte, unseren Schweiß zu trocknen. Die Kühe standen auf der angrenzenden Weide und lauerten zu uns hinüber. Wie bei einem Konzert drängten sich die Stärksten in die erste Reihe, ihre Hälse streckten sich, ihre Mäuler waren leer.

Oma Matche und Opa Gogge, wie immer in geblümtem Kittel und braunem Cord, zogen in unterschiedliche Richtungen an meinen Händen, doch ich zappelte, löste mich und quetschte meinen zarten Körper durch den Spalt der wuchtigen Rolltür, die in den Stall führte.

Die Kuh brüllte, als ich eintrat.

Meine Mutter stand neben einem Berg von Stroh, mein Vater kniete bei dem Tier. Blut verteilte sich auf dem kalten Beton.

»Kerin, komm wieder mit raus, das sollst du nicht sehen!«

Ich hörte nicht auf Opa. Schnell schlang ich beide Arme um das Bein meiner Mutter und klammerte mich fest.

Das Brüllen der Kuh wurde immer lauter. Ich grub meine Fingernägel in Mamas Jeans.

Sie bückte sich und gab mir Stroh in die Hände.

»Kerin, wenn das Kalb gleich da ist, dann machen wir es sauber, okay?«

Ich nickte.

Oma Matche versuchte mich mit Engelszungen zu überreden, ihr in die Küche zu folgen, doch ich konnte unsere Kuh nicht allein lassen. Das Blut floss, ihre Augen quollen hervor, und der Arm meines Vaters verschwand im Tier.

»Ich habe die Beine, wir müssen helfen, schnell!«

Mein Opa griff nach dem Geburtshelfer. Ein gruseliges Teil aus schwerem Eisen. Mein Vater packte die Schlaufe, sein Arm verschwand erneut in der Kuh, und er befestigte das Gerät mit einem geübten Griff. Dann presste das Ende des Geburtshelfers an das Hinterteil der unter den Wehen schreienden Kuh. Mein Vater drückte den Hebel immer wieder. Sein Gesicht war verzerrt, sein Kiefer hart. Seine Muskeln spannten sich, und alle hielten den Atem an. Es ratterte, die Kuh brüllte, und das Kälbchen guckte heraus. Schnell griff er es mit den Händen und ließ das reglose Geschöpf in das Stroh fallen.

Meine Mutter sprang herbei, nahm das frische Kalb und schüttelte es. Mein Vater erlöste es von Schleim und der Fruchtblase. Die Kuh schleckte erschöpft an seinem Kalb, doch es regte sich nicht.

Meine Eltern schoben es näher an sie heran. Entschlossen leckte sie weiter. Mein Herz pochte. Ich ballte meine Hände zusammen. Und dann zuckte der Neuankömmling, die Augen öffneten sich, und alle Anspannung löste sich im Stall.

Zittrig hob das Kälbchen den Kopf und streckte seiner Mutter die nasse Schnauze entgegen. Das Brüllen der anderen Kühe verstummte, als hätten sie gespürt, dass die Geburt vollzogen war.

Die Schwalben setzten sich draußen auf die Holzbalken des maroden Dachs und legten ihre Köpfe ins Gefieder. Ich nahm meine Handvoll Stroh und trat langsam an das kleine Kälbchen heran.

»Mama, darf ich jetzt helfen?«

»Ja, mach nur!«

Ich kniete mich in meiner Lieblingshose mit bunten Stickereien neben das Neugeborene und streichelte es. Die Mutter schleckte verliebt weiter, völlig unberührt von unserer Anwesenheit. Ihr Körper pochte, das Fell war feucht, aber Frieden kehrte in ihr ein. Mutterglück strahlte aus ihren Augen.

Mein Vater wischte sich die Stirn mit seinem sauberen Arm, ergriff das Geburtsgerät und brachte es aus dem Stall. Ich meinte zu hören, wie er den anderen Kühen zurief, dass alles in Ordnung sei.

Ich zog mich etwas zurück und setzte mich auf einen der Strohballen.

»Ich gucke zu, wie es gleich aufsteht, ja?«

Meine Mutter lächelte, schnappte mich, setzte sich ebenfalls und platzierte mich auf ihrem Schoß.

»Ja, wir gucken gemeinsam!«

Das war nichts für die Nerven meiner Großeltern. Schnaufend zogen sie sich zurück. Oma Matche schlurfte, schimpfend darüber, dass ich diesem Anblick ausgesetzt worden war, in ihre Waschküche. Opa Gogge verstummte auf dem Hofgelände.

Ich saß wie verzaubert da und beobachtete das kleine Wesen dabei, wie es sich reckte und vorsichtig auf die Beine stellte. Innerhalb kürzester Zeit setzte es einen Huf vor den anderen.

Mein Vater wischte das Blut und den Erguss der Geburt mit Heu auf und brachte alles zusammen mit der Schubkarre weg.

Die Lachfalten meiner Mutter wurden tiefer, und ihre Stimme hell und klar.

»Ist das nicht schön? Sie haben es beide gut überstanden!«

Ich legte mich in ihren Arm.

Ein paar Schwalben flogen hinein und setzten sich auf die Stahlträger an der Decke.

Das war meine Welt gewesen, zwischen duftenden Kühen, durstigen Melkhähnen und dem Ausmisten des Stalls. Der lange Korridor, die Futtertränken an den Seiten, die versteckte Tür am Rand waren für mich unendliche Erlebnisse. Ich habe auf einem kleinen viereckigen Strohballen frische, noch warme Milch aus dem Euter getrunken, bin den Tritten der Rinder ausgewichen und habe zugeguckt, wie der Boden sauber geschrubbt wurde. Die Schwalben bauten ihre Nester und brachten uns das Glück, so sagte man zumindest.

Wildes Geplapper ertönte auf dem Hof. Bierflaschen ploppten, das Kalb war geboren. Die Menschen versammelten sich. Während ich ins Bett stieg, um von diesem Erlebnis zu träumen, ließ mein Vater seine Kehle vom goldenen Hopfen kühlen und den Tag ausklingen. Die Nacht war mild, und der nächste Tag wartete bereits auf mich.

»Mama, kommt Schnuck Schnuck mit ans Wasser?«

»Ja, das darf sie. Wenn sie das möchte.«

Ich sah aus dem Küchenfenster. Schnuck Schnuck, eines unserer Flaschenlämmer, blökte zwischen Blumenbeet und Friesenwall, und Jule sprang um es herum.

Es schnurrte neben mir.

»Darf Danny auch mit?«, rief ich in die Stube.

»Ich glaube nicht, Küke. Katzen mögen kein Wasser! Und schrei nicht so!«

Unsere Wohnung ähnelte einer Puppenstube, in der es nur ein Schlafzimmer gab. Mein Kinderzimmer. Die hölzernen Möbel im Wohnzimmer standen fest auf dem Parkett und trennten die Schlummerecke meiner Eltern vom Wohnraum. Die dunkelbraune Couch lud zum Lümmeln ein. Das Spinnenrad meiner Mutter stand unbenutzt neben der Tür, und Jule hatte ihren Platz im Flur.

Zum Duschen mussten wir in die Badewanne unter der Dachschräge steigen, zum Glück war keiner von uns sonderlich groß. Der Esstisch passte gerade in die Küche und reichte für uns drei. Da das Haus völlig ohne Isolierung war, fand der Wind Einzug durch die Spalten und ließ unsere Türen selbst bei geschlossenen Fenstern knarren. Wenn meine Großeltern Besuch bekamen, hörten wir das Geschnacke von unten. Es war nicht das größte Heim, doch der Hof bot genügend Platz für Spiel und Freude, Fest und Trank.

Danny saß zu meinen Füßen. Seine treuen Augen musterten mich aufmerksam, und er schmiegte sich an mein Bein. Sein weiches Fell streichelte meine Haut.

»Na, mein kleiner Freund, du bist der Beste, stimmt's?«

Ich setzte mich zu ihm auf die Terrakottafliesen und legte meine Wange an seinen Kopf. Sein Schnurren wurde immer lauter. Für einen Kater seines Alters viel zu alt und bedächtig. Er war erst einige

Wochen bei uns, nachdem meine Mutter ihn aus dem Tierheim gerettet hatte. Sein Fell sei voller Flöhe gewesen, hatte sie erzählt.

Ich lief durch den Flur, zog meine Sandalen an und zupfte an der kurzen Hose.

»Ist das Wasser denn jetzt da?«

»Ja, wir haben Flut. Wir sollten Anka holen, und dann geht's los!«

Ich öffnete die Tür und donnerte die Steintreppe hinab. Gurke missachtete mich, aber Jule und Schnuck Schnuck sprangen wie zwei aufgescheuchte Ponys umher.

»Mamaaa!«, rief ich nach oben. »Jule läuft genauso wie Schnuck Schnuck. Ich glaube, sie denkt, sie sei ein Lamm!«

Mamas Dauerwelle wehte im Wind, und sie lachte.

»Ja, Kerin, das ist mir auch schon aufgefallen.«

Jule bellte laut, als hätte sie uns verstanden.

Hinter dem Haus stand Anka am Zaun und spitzte die Ohren, als sie uns sah. Danny schlich über den sandigen Kiesweg und biss in ein paar Grashalme. Seine weiße Brust glänzte unter dem Tigermantel. Schnuck Schnuck blökte, als das Pferd auf ihn zutrat, es war ihm einfach zu groß.

Meine Mutter nahm die Stute ans Halfter und öffnete den Zaun. Ankas Hufe hinterließen Spuren auf dem Weg. Ich summte freudig hinter den Großen her. Mit Hund, Pferd, Lamm und Katze nahmen wir die ganze Straße ein. Zum Glück war sie nicht stark befahren. Auf halber Strecke hatte Danny keine Lust mehr und machte, trotz meiner intensiven Überredungsversuche, kehrt. Der Rest der Mannschaft blieb zusammen. Wir liefen den Sandweg ans Kliff hinab, das Wasser waberte leicht über dem Meeresgrund, und ich zog meine Sandalen aus. Anka warf die Mähne nach hinten, trippelte mit den Hufen und ließ das Wasser ihre Beine umschmeicheln.

Im Gegensatz zu mir standen Schnuck Schnuck und Jule bis zum Hals im Meer und riefen nach meiner Mutter. Die Muscheln, die sich am Saum des Wattenmeeres sammelten, bildeten eine schmale Kette aus kleinen Schätzen, die es zu entdecken galt – perfekt für mich. Während meine Mutter das lauwarme Wasser genoss, saß ich mit Schnuck Schnucks Geblöke im Ohr zwischen den Meeresgeschenken. Etwas Schilf wehte leicht im Windzug, und die Holzstelzen, auf denen ich zu gern balancierte, waren überschwemmt. Kein Mensch war zu sehen. Insekten schwirrten um meinen Kopf. Die Wanderdüne in List leuchtete von Weitem, und das Lachen meiner Mutter strahlte heller als das Sonnenlicht.

Schnuck Schnuck und Jule sahen nach einer Weile ein, dass das Blöken und Bellen nach meiner Mutter nichts brachte. Wir trafen uns an der Wasserkante, und ich summte ihnen Lieder vor, bis wir alle wieder vereint waren. Ankas nasses Fell glänzte im Licht. Meine Mutter streichelte das Pferd und klopfte ihm den Hals.

»Zu Hause bekommst du einen Apfel, versprochen!«

»Und was ist mit uns?«, fragte ich.

»Du natürlich auch.«

Jule setzte sich mit schrägem Kopf und klimpernden Augen neben das Lamm. Ich streichelte ihr den Kopf.

»Und die beiden, Mama?«

»Die bekommen etwas anderes, leer ausgehen wird keiner.«

Die Hündin sprang auf und lief vor uns her. Die Sonne zwinkerte mir zu. Ich hüpfte mit Schnuck Schnuck um die Wette, auf das nächste Abenteuer wartend.

Es war ein Platz, an dem Frieden herrschte, wenn auch nicht für immer. Nicht für mich. Denn wenn der Wind sich auftürmte, das Wasser zum Toben brachte, dann verschlang das dunkle Meer

bei Nacht meinen Schlaf. Und wenn die Natur brach und kreischend ihre Macht ausübte, klammerte ich mich an meine Eltern
und hoffte, uns würde nie etwas geschehen.

Heute ist der kleine Strandabschnitt auf der Wattseite Morsums
verschwunden. Das Land hat gewuchert und sich seinen Platz er-
kämpft. Gras, Schilf und Sträucher wuchsen und nahmen die Land-
zunge für sich ein. Wer seine Füße ins kühle Nass tauchen möchte,
der muss Richtung Steilküste wandern.

Sylts Konturen waren im Umschwung, wie die Landwirtschaft
und das Dorfleben.

Damals, als unser Hof auf jedes Tier zur Kost angewiesen war
und mein Vater noch als kleiner Junge durch die Ställe streunerte, da wurde härter gearbeitet denn je, um die sechs Kindermäuler
zu ernähren. Was zur damaligen Zeit in Familienbetrieben erreicht
werden konnte, wurde inzwischen längst von großen Unternehmen
von den Klippen gestoßen.

Als die geschlachteten Rindsteile auf dem Küchentisch meiner
Großmutter lagen und die Frauen ihre Beile schwangen, um alles zu
portionieren und einzufrieren, standen die Männer auf den Feldern
und stapelten die Heuballen.

Selbst als ich klein war, wurde der Küchentisch noch zum Zer-
teilen genutzt. Meine Mutter und ich mittendrin. Das Schlachten
gehörte für mich dazu. Wenn die Tiere in die Anhänger getrieben
wurden, ich mit zittriger Stimme fragte, ob es wieder so weit sei,
und mein Vater stumm nickte, dann hieß es für mich Abschied
nehmen. Sie hatten ein gutes Leben gehabt – das pflegten wir zu
sagen.

Während meine Familie das Fleisch mitsamt den Knochen zerkleinerte, leistete ich ihr singend Gesellschaft. Ich lauschte dem Geschnatter meiner Tanten, legte die Beutel in die Truhe und spielte auf dem Dielenboden. Doch wenn Oma Matche die frisch gefangenen Fische auf ihrer Wachstischdecke aufreihte, beobachtete ich jeden Handgriff mit Argusaugen. Dass ich mich einst von den abgeschnittenen Schwanzflossen nicht lösen konnte und sie unter lautem Gequengel verteidigte, bis mir Oma ein Glas mit Wasser und Schraubverschluss reichte, war keine meiner besten Ideen. Ein paar Tage später entwickelte sich ein so bestialischer Gestank, dass mir fast die Pflaumensuppe wieder hochkam. Dieser herbe Verlust hätte meinen Tag endgültig vermiest. Ich war verrückt nach Omas Backobstsuppe, angedickt und lieblich süß, doch das Beste waren die Pflaumen, deren Fruchtfleisch die Kerne fest umschloss. Trällernd, mit schwingenden Beinen und blonden Zöpfen, spuckte ich die Kerne jedes Mal aufs Neue in Opas Teller, der unberührt weiter seinem Drang nach Nahrung folgte. Und ich lachte, bis mir die Suppe aus den Mundwinkeln tropfte.

Opa Gogge war für mich ein wahrer Bilderbuch-Opa. Er führte mich an der Hand zum Kindergartenbus, ließ sich von mir durch die Ställe treiben, erlaubte mir jeden Blödsinn und knabberte den Knorpel von allen Knochen, die wir ihm auf den Teller legten. Er roch nach seiner Pfeife, die ständig in seinem Mundwinkel hing. Durch die Hornbrille wirkten seine Augen größer als alles andere in seinem Gesicht.

Und Oma Matche war eine Bilderbuch-Oma. Eine typische Hausfrau, etwas zu besorgt, aber liebevoll.

Als ich das erste Mal zum Übernachtungsbesuch bei ihnen anklopfte, war mir schon etwas mulmig zumute, aber Oma schüttelte die Decken und Kissen auf und legte mich behutsam in die wolkige Mitte. Ich erinnere mich noch gut an diese Nacht.

»Kerin, soll ich dir ein Gutenachtlied singen?«, fragte sie mich.

Meine müden Augen weiteten sich für einen Moment.

»Ja, Oma! Gern.«

Gespannt lauschte ich ihrer Stimme, als sie den Text von *Guten Abend, Gute Nacht* leise vor sich her trällerte. Ich schloss die Augen und folgte den Worten – das Lied kannte ich nicht.

»Guten Abend, gute Nacht, mit Rosen bedacht, mit Näglein besteckt, schlüpft unter die Deck. Morgen früh, wenn Gott will, wirst du wieder geweckt. Morgen früh, wenn Gott will, wirst du wieder geweckt ...«

Ich riss meine Augen auf. War das ihr Ernst?

»Wenn Gott will, Oma? Kann er das einfach so entscheiden?«

Oma Matche stockte. Ihre Pupillen weiteten sich. Ihre Augenbrauen wirkten, als wollten sie ihren Haaransatz küssen.

»Wie meinst du das, Kerin?«

Ich setzte mich auf.

»Du hast gesungen, dass Gott mich morgen nur weckt, wenn er das will! Bin ich sonst tot?«

Ohne je über den Text nachgedacht zu haben, wurde ihr in dem Moment klar, was er für mich kleines Menschenkind offenbar bedeutete.

»Kerin, das ist nur ein Lied, das singt man so. Gott möchte immer, dass alle wach werden!«

Dieser Gott schien mir nicht ganz geheuer, und was für eine Frechheit obendrein, das einfach so zu entscheiden.

»Ich schlafe nie wieder!«, erklärte ich mit verschränkten Armen.

Ich war drauf und dran, aus dem Bett zu springen, doch meine Großmutter beruhigte mich mit sanften Worten und bestach mich mit ein paar Geschichten.

Die Märchen kannte ich schon, doch an diesem Abend schienen sie mir grausamer. *Dornröschen* brachte das Fass zum überlaufen.

Erst als Oma Matche neben mir lag und es dunkel wurde, beschloss ich, zumindest ihr zuliebe, die Ruhe zu bewahren. Doch als ihr Atem schläfrig gegen meine Stirn wehte, lag ich unter der Decke und fragte mich, ob ich es bis morgen schaffen würde. Es muss eine stürmische Nacht gewesen sein, das Ende einer sorglosen Kindheit.

Dass Oma mir zum nächsten Biikebrennen den Floh ins Ohr setzte, meine Jacke sei schnell entflammbar, machte es nicht besser.

Danny, der Kater

Wenn die Sonne tief am Horizont ihre Fühler nach der Insel ausstreckte, verstummte der Trecker meines Vaters. Die Blumen schlossen ihre Köpfchen und legten sich zur Ruh. Der Tag war müde.

Mit pulsierendem Herzen rannte ich durch die Scheunen. Die Kühe waren an ihre Melkhähne angeschlossen und bekamen ihr wohlverdientes Heu zum Abendbrot. Meine Mutter folgte mir mit schnellen Schritten.

»Nun warte doch, hier ist er nicht!«

»Aber irgendwo muss er sein! Normalerweise ist er immer zu Hause!«

Danny war ein Hofkater, auch wenn ich ihn am liebsten mit unter meine Bettdecke genommen hätte, aber des Nachts streunerte er draußen herum, um Mäuse zu jagen. Tagsüber durfte er in unsere Wohnung und genoss jede Schmuseminute, die er sich erschnurren konnte. Hunger hatte er für vier, weswegen er keine Mahlzeiten verpasste.

Mein Vater lugte hinter dem prall gefüllten Euter einer seiner treuen Kühe hervor.

»Was ist denn los bei euch?«

Mein Kinn zuckte, und Tränen schwemmten meine Augen.

»Danny ist weg! Er hat sich bestimmt verlaufen!«

Ein Kuhfladen platschte auf den Betonboden und dampfte.

Meine Mutter nahm mich auf den Arm.

»Nein, der kommt wieder zurück. Danny ist bestimmt nur auf Entdeckungsreise!«

Mein Vater kam zu uns und gab mir einen Kuss.

»Pass mal auf, mein Küke! Wenn Danny nach dem Melken nicht zurück ist, dann suchen wir nach ihm, versprochen!«

»Aber wie sollen wir ihn hier finden? Er ist schon so lange weg!«

Platsch.

Der nächste Fladen fiel.

»Er ist seit heute Vormittag verschwunden«, gab meine Mutter zu bedenken.

Mein Vater kräuselte die Stirn. Die Tränen schossen aus meinen Augen, und ich japste nach Luft. Papa nahm mich auf den Arm, drückte meinen kleinen Körper fest an seinen und streichelte mir über das Haar.

»Komm, wir fragen Opa und die Nachbarn, die suchen bestimmt mit uns nach Danny. Ich mach hier schnell fertig, okay?«

Ich wischte mir die Augen mit meinen erdigen Fäusten, griff Mamas Hand und zog sie die Treppe hinauf, damit sie so viele Helfer wie möglich anrief.

Im Wohnzimmer lag Dannys Spielzeugmaus. Der Napf war gefüllt mit müffeligem Dosenfutter, das darauf wartete, verspeist zu werden. Mein Herz wurde schwer. Mein Magen schmerzte.

Nach einer halben Stunde stand ein Pulk von zehn Mann auf dem Hof.

Es war spät geworden, eine Gänsehaut bildete sich auf meinen Armen. Meine Hand grub sich in die meiner Mutter. Alle nahmen ihre Plätze ein, durchforsteten jeden Winkel der Bestallungen und riefen nach dem kleinen Kater. Mamas Stirn schlug tiefe Falten, wenn sie nicht bemerkte, wie ich ihr Gesicht musterte. Ein dicker Kloß saß wie ein Pfropfen in meiner Kehle. Ich musste immerzu schlucken, doch mein Mund fühlte sich wie ein vertrockneter See in der Sahara an.

Das Lämmchen Schnuck Schnuck und Anka, die Stute, waren in ihren Ställen, nur Jule lief schnüffelnd über das Feld. Egal, wie laut ich nach Danny rief, er kam einfach nicht. Als das erste Gähnen mich überkam, streichelte meine Mutter mir liebevoll über den Handrücken.

»Kerin, wir machen uns jetzt bettfertig, die anderen suchen noch. Ich bin sicher, Danny schläft bereits im Heu und steht morgen früh am Fenster.«

Meine Mundwinkel zog es weit nach unten. Ich sagte keinen Ton. Schwer atmend lief ich die Treppe hoch, stieß die Wohnungstür auf und rannte in mein Zimmer. Ich ließ mich auf die Matratze fallen und vergrub mein Gesicht in der Decke.

»Ach Kerin, jetzt hör doch bitte auf zu weinen!«, sagte meine Mama.

Ich hörte den Wandschrank knatschen.

»Nein, er kommt bestimmt nie wieder. Danny war noch nie so lange weg!«

Als hätte man einen Teil von mir abgeschnitten, heulte ich völlig aufgelöst in den Bezug.

»Kerin, jetzt hör mal auf und komm her!«

»Nein, ich will nicht!«

»Doch, du kommst jetzt bitte sofort hierher!«

Ihre Stimme klang streng. Ich löste meinen Griff und schob die Decke weg.

»Los jetzt, steh auf!«

Ich kroch aus meinem Bett, während mein Blick auf ihrem Gesicht ruhte. Sie beugte sich zu mir herunter.

»Fass mal in den Schrank.«

Folgsam hob ich meine Hand, steckte sie kurz hinein und zog sie schnell wieder zurück. Mamas Augen wurden weich, und ein Lächeln zischte über ihre Lippen.

»Ganz rein!«, sagte sie.

Mein Atem stockte. Ich hockte mich hin und schob meine Hand bis zur Schulter in die hinterste Ecke des Schranks.

Etwas Warmes schnurrte mir entgegen.

»Danny!«

Ich steckte meinen Kopf hinein und blickte in die halb geöffneten Augen meines Katers.

»Oh Danny, da bist du ja!«

Meine Mutter stieß ein lautes Lachen aus.

»Ich glaub es nicht. Da machen wir das ganze Dorf verrückt, und er liegt seelenruhig im Kleiderschrank und schläft!«

Ich nahm Danny auf den Arm. Sein zerstrubbeltes Fell stand wüst in alle Richtungen. Warm wie eine Wärmflasche schmiegte er sich an mich. Auf dem obersten Pulli im Schrank hatte er eine haarige Kuhle hinterlassen.

Morsum kam zur Ruhe, der Tag neigte sich dem Ende. Schlaf leget sich über die Kornfelder, und die Leute begaben sich in ihre Betten. Der Wind pausierte bis zum nächsten Tag.

Eine Freundschaft für immer

Mist. Ich sprang schnell hinunter und versteckte mich zwischen den Heuballen.

Frieda kicherte.

»Glaubst du, dein Papa hat uns gesehen?«

Die Ballen hatten uns in ihrer Mitte verschluckt, trotzdem saßen wir geduckt auf dem Boden.

»Ich glaub nicht, sonst hätte er uns verjagt!«

Meine Freundin rümpfte die Nase.

Ihre langen blonden Locken, die ihr Steißbein kitzelten, drehten sich nach allen Seiten.

»Warum dürfen wir hier nicht spielen?«

»Hm, die können irgendwie kaputtgehen, und dann werden sie von innen nass, wenn es mal regnet, glaub ich.«

Sie zog eine Schnute. Heuhalme hingen ihr im Haar.

»Sollen wir lieber woanders spielen?«, fragte Frieda mit leiser Stimme.

Ich nickte.

Mit hängenden Schultern suchten wir uns einen Weg nach draußen. Auf der großen Fenne standen die Pferde und fraßen sich gemütlich durch den Tag. Sie reizten mich wenig. Anka war nicht mehr die Jüngste, weswegen sie beim Reiten gern über die eigenen Hufe stolperte. Jedes Mal, wenn ich auf ihrem Rücken saß, zuckte mein ganzer Körper zusammen und ließ mich aufschreien. Eine wackelige Angelegenheit – nichts für mich. Meine Leidenschaft gehörte den Kühen und Schafen.

Unsere kurzen Beine, die bis zu den Kniekehlen in bunten Gummistiefeln steckten, huschten über das Hofgelände, auf der Suche nach neuen Abenteuern. Die Geheimnisse von Heuboden, Scheunen und Misthaufen versprachen zwei kleinen Mädchen im Vorschulalter Gänsehaut, Gelächter und Herzrasen. Der kleine Stall, angrenzend zur Weide, lockte mit seiner Überdachung und den Anhängern, die darunter standen. Dieser Stall hatte einiges zu bieten, vor allem im Winter, wenn die Eiszapfen, groß wie meine Eltern, wie Schwerter bis zum Boden ragten.

»Guck mal, wir können uns im Anhänger verstecken!«

Friedas Mund stand so weit offen, dass eine Libelle hineingepasst hätte.

»Aber der ist ganz schön hoch ... Da stoßen wir uns beim Reinspringen bestimmt den Kopf!«

»Nein, das geht, das habe ich schon mal gemacht!«

Meine Füße rutschten beim Rennen in den Stiefeln.

»Komm schon, das macht Spaß!«

Meine Freundin folgte mir.

Der grüne Anhänger hatte einen Plattfuß. Ich griff nach den Seitenstangen, kletterte auf die Gummirollen und hangelte mich über den Rand hinüber. Dann ließ ich mich jauchzend fallen.

Watsch.

Frieda kletterte mit ihrer hummeligen Figur den gleichen Weg hinterher und spähte über den Rand. Ihre Augen wurden immer größer.

»Ihhh, was ist denn das?«

Ich wälzte mich genüsslich und kicherte.

»Das ist Schrot, das fressen die Kühe!«

»Das sieht aus wie gammelige Flips, da will ich nicht rein!«

Ich warf ihr ein paar Körner ins Gesicht und lachte auf, bis ich mich verschluckte.

Sie holte einmal tief Luft und rutschte mit dem Kopf voran ins Tierfutter. Kaum hatte sie bemerkt, dass nichts an ihr kleben blieb, grub sie sich auch schon wie ein Häschen in sein Loch hinein. Wir tollten mit den wildesten Vorstellungen von Schrotkonfetti bis zu Schrottürmen durch den Anhänger, doch dann verstummte das Kichern meiner Freundin.

»Kerin, ich glaube, mir steckt was in der Unterhose!«

Ich nahm zwei Hände der kleinen Vollwertflips und schmiss sie gegen das Dach.

»Na und? Ich habe das auch überall!«

Mit quietschenden Tönen ließen wir Schrot regnen, bis wir außer Puste waren. Erschöpft stiegen wir aus dem Anhänger. Tierfutter rieselte aus unseren Klamotten.

»Zieh mal an meinem Stiefel, ich krieg den nicht aus!«, sagte ich zu Frieda und hielt mich am Anhänger fest. Sie zog mit aller Kraft, sodass ich hintenüber fiel.

Mein Kopf knallte gegen den Stahl.

Meine Freundin krümmte sich vor Lachen, während ich mir die Stelle rieb. Typisch, dachte ich, und ihre Zahnlücke blitzte auf.

Wir saßen auf dem Boden, leerten unsere Stiefel und sangen lustige Reimlieder, während wir mit Stöcken in die Erde malten.

Meine Freundin sang vor, ich trällerte nach, bis der Schmerz vergessen war.

Wiste, Wiste.
Gummela, gummela, gummela, wiste.

Gummela, gummela, gummela, wiste.
Oh nonononona wiste,
Oh nonononona wiste ...

Woher dieses Reimlied für Kinder stammte, konnte keiner von uns sagen. Es war weder Sölring noch Dänisch, es war einfach nur Quatsch.

»Hast du auch so Lust auf Eis?«

Frieda sprang auf. Jede weitere Frage war unnötig. Wir sattelten unsere Fahrräder, schwangen uns in die Pedale und radelten durch Klein-Morsum. Nahe dem Golfplatz befand sich die Fränkische Weinstube, ein Familienbetrieb mit leckerem Kuchen und freundlichen Besitzern. Wir parkten die Räder am Hintereingang der Gastwirtschaft – sie kannten uns schon.

»Na, möchtet ihr wieder Eis haben?«

Unsere Bäckchen glänzten.

»Grünes Wassereis mit Schokohut, bitte!«

Mit einem Zwinkern bekamen wir die kühle Leckerei in die Hand gedrückt. Die Pennys kullerten uns aus den Taschen, und mit winkender Hand radelten wir schleckend Richtung Morsum-Kliff.

Unser Haar wehte mit dem Wind, die Sonne strahlte. Die Sommer waren warm, die Sandwege zum Kliff staubten unter unseren Rädern. Die Sandkuhle – Klein Afrika – breitete sich vor uns aus. Wir lösten die Füße und versanken in butterweichem Sand. Schnaufend schoben wir die Räder hindurch.

Dieser Ort brachte mich oft ins Schwitzen. Kurze Beine, kurzes Vergnügen. Sobald der Sand den Horizont küsste, wenn ich mit meinen Eltern hindurchspazierte, jammerte ich in allen Tönen, die ein kleines Mädchen zu bieten hatte. Es war für mich die Wüste der Insel. Sandkörner, wohin das Auge reichte, und spärlich gewachsenes Dünengras auf fünf Büschel verteilt. Dass sie sich nie lösten und wie in einem mittelmäßigen Westernfilm mit Hintergrundgepfeife über den Boden wehten, während wir einsam und verlassen den Weg auf der Suche nach Leben und Wasser bestiegen, war ein Wunder.

»Komm, wir legen die Fahrräder weg und suchen unseren Schatz!«, pfiff Frieda.

Ab hier fing das Abenteuer an. Das war unser Zuhause. Zugegeben, von Dünenschutz hatten wir damals wenig gehört. Für uns gab es nichts Spannenderes, als die Räder zu verstecken, die Dünen hochzusteigen und zu erkunden, was sich dahinter verbarg. Zwischen dem Heidekraut fanden wir neue Sandkuhlen, in denen wir spielten. Schätze wie Muscheln und Steine vergruben wir unter großen Sandhaufen, wie auch die zahlreichen Eisstiele, die wir vor unseren Eltern versteckten, um sie später doch nicht wiederzufinden. Ein heimlicher Irrgarten für kleine Kinder. Oft fuhren wir unten den schmalen Weg nahe dem Wasser, bis hin zur Steilküste, um dort herumzuklettern und nach Geheimnissen der Erde zu graben.

Dass ich meiner Freundin wegen des roten Gesteins von einem Vulkanausbruch erzählte, war keine böse Absicht. Ich hatte zuvor etwas darüber gelesen oder gesehen, und mir kam der Zusammenhang schlüssig vor. Meine Fantasie war grenzenlos. Dass dieser Ort nicht nur voller Magie war, sondern auch in seiner europaweiten Einzigartigkeit glänzte, darüber klärte mich später mein Vater auf. Die in der Eiszeit aufgebrochenen Erdschichten repräsentieren eine geologische Zeitspanne von sieben bis zehn Millionen Jahren Erdgeschichte, hautnah zum Anfassen.

Wir wateten durch den feinen Sand und sahen auf das Wattenmeer. Es war Ebbe. Die Vögel pickten nach kleinem Getier, und einige Wolken spiegelten sich mitsamt dem blauen Himmel in den restlichen Salzwasserpfützen, die die Flut vergessen hatte. Wir jagten durch den Sand und beobachteten die Vögel. Wir sprangen von kleinen Felsen und versuchten, unsere Namen in das Gestein zu ritzen.

Irgendwann ließ sich Frieda in den Sand plumpsen.

»Ich habe keine Lust mehr, wollen wir nach Hause?«, fragte sie. Ihre Augen waren matt.

»Ja, ich habe auch keine Lust mehr, mir ist viel zu warm!«

Wir griffen unsere treuen Blechstuten und rasten Richtung Hof. Kurgäste, auf dem Weg zur Nösse, dem östlichsten Ortsteil Morsums, wo der Zug das erste Mal Sylter Boden berührte, kamen uns entgegen. Neben uns schnaufte der Zug auf den letzten Kilometern, die er noch vor sich hatte. An der Brücke trennte sich unsere Wege, zumindest bis zum nächsten Morgen.

Es war eine Zeit, in der die Eltern ihre Kinder sorglos vor den Türen spielen ließen. Die Dörfer sprudelten vor Kindergelächter, bis die Tränen flossen, weil ein Fahrradsturz die Freude kreuzte. Die Straßen waren mit Kreide bemalt, winzige Flohmarktstände mit Selbstgebasteltem sprossen in Morsum im Sommer aus den Einfahrten wie heute die von fröhlichen Hausfrauen eingekochte Marmelade in den Schaukästen am Straßenrand.

Die Strände, die Deiche, das Wattenmeer und die Felder boten ausreichend Spielraum für Fantasie und Fröhlichkeit. Löwenzahnblüten wurden von den Müttern zu Gelee eingekocht, die Blätter für die Kaninchen gepflückt und die Stängel von Kinderhänden verarbeitet. Wenn wir mit den Blumen auf der Wiese vor unserem Haus saßen, Suppen aus ihnen kochten, weil die Stiele sich, in Streifen gezogen, lockig im Wasser kräuselten, dann waren wir eins mit unserem Tag. Nudelsuppe à la Natur. Manches Mal pflückten wir kunterbunte Wildblumensträuße für unsere Eltern oder verarbeiteten sie zu romantischen Kränzen, mit denen wir unsere Köpfe schmückten.

Wenn die Raupen sich in den Blättern der Heckenrosen versteckten, bis wir ihnen auf die Schliche kamen, dann waren wir für eine Ewigkeit beschäftigt. Aus den Rosenblättern pressten wir Parfüm, doch die schönsten trockneten wir in unseren Büchern. Die Stachel piksten uns in die Hände, doch wir ließen nicht von ihnen ab. Wir sammelten Hagebutten, legten sie in einer fein gezogenen Linie über die Straße, versteckten uns hinter einem der Friesenwälle meiner Verwandtschaft und lachten, wenn die Autos die Hagebutten plattfuhren. Zu Ostern ersetzten wir sie durch bunt gefärbte Eier.

Onkel Albert erzählte gern, wie sich zu seiner Schulzeit die Morsumer Kinder in Scharen zu Ostern am Eierberg – einem Sandweg, der ans Watt führt – trafen, um die Ostereier den Weg hinabrollen zu lassen. Ohne Wettstreit beömmelten sich die Kinderherzen vor Lachen, wenn die Eier auf dem Weg zerplatzten und die bunten Schalen an den Kieseln hängen blieben. Mit Aussicht auf List, umgeben von Sträuchern und mit Schlickgeruch in der Nase. Onkel Alberts Kindheit spielte sich, fernab von täglichem Fernsehen und sonstigen Unterhaltungsprogrammen, zusammen mit seinen Geschwistern und Freunden hauptsächlich vor der Tür ab. Zur Winterzeit fuhren sie auf dem Siel am Deich Schlittschuh, bauten sich im Wäldchen Verstecke und stellten lauter Unfug auf den Feldern und Ställen an. Die kleinen Lausbuben stichelten gegen ihre kichernden Schwestern, und Opa Gogge bemühte sich, den wilden Haufen wieder einzufangen. Mit mir als einzigem kleinen Küken der Familie hatten sie es schon einfacher.

Wenn es mich nach Abwechslung dürstete, besuchten meine Eltern mit mir den Tierpark, der Insulanern wie Gästen die Groschen für Zwieback aus den Taschen leierte. Bis heute hält er sich mit einer kleinen Auswahl an Tieren tapfer gegenüber dem utopischen Angebot in den Städten. Die Anlage ist gepflegt, und zwischen Tretbooten auf dem Teich, einem Spielplatz und der grünen Bepflanzung fühlen sich viele Tiere heimisch, wenn auch einige Exoten in unterschiedlichen Sprachen krähen oder vor sich hinschnauben.

Das kleine Aquarium in Westerland, das meine Augen als Kind zum Glänzen brachte, musste später einem Erlebnisbad weichen. Als Kind bewunderte ich die bunten Flossen seiner Bewohner, die, umgeben von Seetang und Wassergras, um die Wette schwammen. Die Seepferdchen rollten ihre Schwänze um die Grashalme und ließen sich im Wasser wiegen. Doch die wahre Attraktion waren die Seehunde, die durch das Becken schwammen. Heute bin ich dankbar, dass die kleinen Freunde nicht mehr auf engstem Raum zum Planschen verdonnert werden, doch als das Aquarium seine Türen für immer schloss, versetzte es mir einen Stich.

Willi, die Kegelrobbe im Hörnumer Hafen, hat es da heute deutlich besser. Der Vielfraß lässt sich des Tages von den Menschen mit Fisch füttern und tänzelt dabei seine Pirouetten durch das Hafenbecken. Willi, eigentlich eine Dame namens Wilhelmine, wie man herausfand, freundete sich einst mit Fischern an, gewöhnte sich an die Menschen und schlug ihr Lager im Hafen auf. Und als Willerina, die Kegelrobbenballerina, zieht sie nun ihre Runden durch die Nordsee und bringt Augen zum Leuchten. Frei von jeglichen Grenzen kommt sie immer wieder zurück ans Hafenbecken und lässt sich feiern. Der unumstrittene Star des Dorfes.

Sommersand und Salzwasser

Das Meer funkelte wie tausend Diamanten im Sonnenlicht. Der Strand war die Attraktion eines heißen Sommertages auf der Insel. Zahlreiche Urlauber und Insulaner zog es mit uns an die Küste. Der Deich in Morsum lockte mich selten zum Baden, obwohl ein Steg den Gang ins kühle Nass bei Ebbe und Flut ermöglichte. Onkel Albert nahm diese Stufen, die ins Meer führten, täglich, bei Regen, Sturm, Frühlingsluft und Sonnenschein.

»Sa bleft em sün – das hält gesund«, pflegte er immer zu sagen. Ich verbuddelte meine Hände und Füße lieber im Sand und suhlte mich wie ein kleines Ferkel in den pudrigen Körnern.

Der Wind blies mäßig von der Westküste. Überall lagen Menschen und labten sich an den mächtigen Sonnenstrahlen.

Omas Lachen schallte über den Strand, als meine Mutter eine Ladung Sand auf ihrem nassen Körper abbekam.

»Kerin, du kannst dein Handtuch doch nicht neben mir ausschütteln!«

»Aber das war voller Sand!«

Meine Mutter rollte mit den Augen.

»Dann kommst du gleich mit ins Wasser, ich muss mich saubermachen.«

Oma Mutti – die Mutter meiner Mutter – folgte uns, während ihre vollen Rundungen durch ihr Kichern wippten. Opa Hans blieb zurück, mit dem Auftrag, gleich mit mir die schönste Sandkuhle zwischen Westerland und Wenningstedt zu bauen. Der Sand wurde grober und fester, bis er feucht an meinen Zehen klebte. Einige kleine Wellen rollten mir entgegen. Sie schäumten das Wasser auf und platschten bis an mein Schienbein. Kalt ... sehr kalt ...

»Ich geh hier nicht rein, da friere ich ja!«

Meine Mutter nahm mich an die Hand.

»Komm, wir gehen ein Stück zurück, und dann rennen wir. Wenn du erst mal drinnen bist, ist es nicht mehr kalt!«

Während Oma Mutti jauchzend immer höhere Töne von sich gab, als sänge sie die Arie einer Oper in der Westerländer Musikmuschel – einem Amphitheater an der Strandpromenade –, schwappte das Meer über ihren wohlgeformten Körper, und wir machten uns startklar. Einige der Strandbesucher beobachteten uns gespannt.

Ich hielt meine Mutter fest und sah sie erwartungsvoll an.

»Eins ... zwei ... drei ... und los!«

Unsere Füße sackten beim Rennen ein. Das Meer kam immer näher. Platsch. Ich kniff die Augen zusammen. Das frische Wasser ließ meinen Atem stocken, als es über meinen Bauch schwappte. Ich lachte und befreite mich aus der Starre. Meine Mutter schwamm an mir vorbei, gefolgt von Oma.

»Siehst du, Kerin, es geht doch!«

Ich nickte, hielt meine Füße sicher auf dem Grund und ahmte mit den Armen die Schwimmbewegung der anderen nach.

»Jetzt musst du mit dem Hintern hoch!«, sagte meine Mutter.

»Nein, Mama, lass mich, die sollen nicht wissen, dass ich nicht schwimmen kann.«

Meine Oma näherte sich mir. Ich wusste, was sie vorhatte. Meine Füße wurden schneller, meine Arme paddelten. Das Wasser war etwas trüb. Hoffentlich sind hier keine Krebse, dachte ich.

»Papa kann auch nicht schwimmen, warum muss ich das?«, entgegnete ich meiner Mutter.

»Weil es Spaß macht. Außerdem waren das damals andere Zeiten, und Papa hatte durch den Hof keine Zeit, schwimmen zu lernen.«

Oma runzelte die Stirn.

»Du bist ein Schulkind, Kerin. Du musst es lernen!«

Ich zuckte mit den Schultern und blieb im Wasser stehen. Meine Oma schwamm zu mir. Der Klang ihrer Stimme legte sich weich auf die Wellen.

»Schau mal, Kerin, die ganzen Leute hier bezahlen viel Geld, um ein paar Tage am Strand zu liegen und im Meer schwimmen zu können. Wir können dankbar sein, dass wir hier leben. Als Inselkind ein Nichtschwimmer – das geht doch nicht.«

Ich sah das anders. Das Planschen reichte mir, außerdem hatte ich es probiert, doch es missglückte immer wieder. Egal, wie sehr ich mich bemühte, mein Körper weigerte sich zu schwimmen. Er schien dafür einfach nicht gemacht.

Wir spazierten aus dem Wasser. Die kühle Luft kitzelte die Härchen auf meiner Haut. Mama hatte recht, im Wasser war es warm gewesen.

Opa lag wie ein Brathähnchen in der Sonne. Seine eingeölten Brusthaare glänzten.

Ich trocknete mich ab und legte mich daneben. Das Salz auf meiner Haut juckte. Salz- und Chlorwasser waren mir gleichsam unangenehm und verdonnerten mich quasi zu einem Dasein als Nichtschwimmerin. Ich schrubbte mit meinen Fingernägeln über die roten Stellen. In mir loderte die Unruhe, als weitere Flecken sich über meine Beine verteilten. Ich sprang auf, rollte mich durch den Sand und trank etwas Sprudelwasser, das mir meine Mutter reichte. Es half ein bisschen.

Eine Windböe jagte über den Strandabschnitt und erfasste den Sonnenschirm eines älteren Ehepaares. Er hechtete hinterher, sie schrie – und ich grinste.

»Kerin, fang!«

Ich drehte mich zu meiner Mutter. Eine Klettscheibe raste auf mich zu. Kurz vor Stirnankunft wich ich der Scheibe aus und warf einen garstigen Blick zurück.

»Ey, was soll das?«

»Nun stell dich nicht so an. Lass uns spielen.«

Der Ball rollte in ihrer Hand. Ich stellte mich auf, entschlossen verzog ich keine Miene. Wie eine Tennisspielerin, auf den Aufprall des Aufschlags wartend, duckte ich mich. In Gedanken wehte ein weißer Rock um meine Hüften.

Meine Mutter holte zum direkten Körperwurf aus und – bäm! – daneben.

Ich zog den Filzball von meiner Scheibe und konzentrierte mich. Ich nahm meine Mutter genau ins Visier, holte tief aus und ließ viel zu spät los.

Daneben.

Während neben uns ein Vater mit seinem Sohn raffiniert einen Fußball durch den flachen Sand dribbelte, verlor ich jeden Wurf.

Der Ehrgeiz packte seinen Koffer und verabschiedete sich für den Rest des Tages, genau wie der Ball, den sich ein fremder Hund schnappte und damit davonlief. Aber der Juckreiz war vergessen. Ziel erreicht.

Die Sonne stand prall am Himmel und feuerte uns ein. Ein Schweißfilm zog sich über meine Stirn.

»Opa, können wir jetzt buddeln?«, fragte ich, mit der Schaufel bewaffnet.

Opa schnaufte und raffte sich auf.

Meine Kuhle wuchs auf eine Größe für drei Personen an. Mein Großvater baute eifrig an dem Schutz spendenden Deich.

Meine Mutter krallte sich den gelben Eimer, der an ihrem Kopfende parat zum Einsatz stand.

»Komm, wir sammeln Muscheln für deinen Deich, das sieht bestimmt chic aus!«

Ich hüpfte hoch und jubelte.

Unser Eimer füllte sich mit Herz-, Mies- und Schwertmuscheln, die Möwen kreisen am klaren Horizont, und die Menschen tobten durch die nordische See. Es roch nach Salz, nach Algen und nach Sonnencreme. Die Menschen lachten und unterhielten sich laut. Wenn Glück ein Bild wäre, wäre es dieses gewesen. Die Sonne schien. Für alle. Für die Sylter, für die Urlauber – sie machte keinen Unterschied.

»Mama, meine Haut juckt wieder!«

Meine Mutter streichelte mir über das Gesicht. Ihr Blick vertiefte sich.

»Ich glaube, dann fahren wir besser nach Hause, mein Kükelük!«

Mit dem Blick in die Weite stehe ich auch heute oft am Strand und tanke Kraft. Die Nordsee breitet sich unter kreischenden Möwen vor mir aus, und Schweinswale zeigen ihre Flossen. Beim Anblick des Meeres pulsiert mein Blut. Der Moment zählt. Ein Moment für die Ewigkeit. Eine Flut aus Zufriedenheit überkommt meinen Körper, und ein Hauch von Glück kribbelt durch meine Adern. Solange meine Füße mich tragen können, werde ich sie in den Sand drücken und Spuren hinterlassen, bis sie von der Brandung irgendwann verschlungen werden.

Selbst bei Wind und Regen, mit wütender Gischt und einer Wellenflut, die gierig das Land verspeist, werden meine Waden bis zur Ermüdung durch den Sand gleiten. Salzige Luft versorgt meine wabernden Lungen mit Jod, die Feuchtigkeit beißt sich in meine Wangen. Dort, wo das Hier und das Jetzt aufeinander prallen, um sich zu vereinen. Und wenn ich am Wasser stehe, mich bis zum nächsten Besuch verabschiede, den Strandübergang mit schweren Beinen erklimme, glättet sich meine Stirn von allen Sorgen frei.

Morgens, wenn ein junger Sonnentag erwacht, die Brötchen auf den Tischen stehen und der Kaffee würzig duftet, dann zeigt sich die Westerländer Promenade fast jungfräulich. Sie streckt sich und reckt sich hungrig nach ihren Menschenmassen. Die Sonne, die langsam den Himmel färbt, legt die unendliche Nordsee in ein warmes, geborgenes Licht. Möwen fliegen sich warm, um den Touristen das Essen zu stehlen, und die Vögel picken am Wasser nach ihrer Morgenmahlzeit. Dann ist es Zeit, Zeit für Genuss.

Mal ist das Meer aufgebracht, mal flüstert es, und ich frage mich: Ist der Mensch wie das Meer? Unzähligen Launen unterworfen, brausen wir auf, um uns später in friedlicher Ruhe zu wiegen. Dazwischen gibt es alles und noch viel mehr. Wie das Meer.

Ich höre es. Es rauscht, es lebt, es singt, und es pfeift. Es ist das Meer ...

Da pfeift uns doch 'ne Maus ins Ohr

Friesen, so sagt man, haben keine Angst, sie sind achtsam, in ihren Äußerungen etwas verhalten und stark wie ein Stein. Mit fester Miene und einem klaren Ziel vor Augen gehen sie durchs Leben.

Sie sind durch nichts zu erschüttern, die Wikinger des Landes.

Hört sich gut an, ist aber nicht so. Selbst einen alten Friesen kann etwas aus der Ruhe bringen.

Mein Vater, der Friese, war ein geschätztes Mitglied der Gemeinde. Ein Landwirt in seinem Dorf.

Meine Mutter hätte es nie für möglich gehalten, dass sie einen Bauern heiraten würde, doch genau das sollte ihr großes Glück werden. Meine Eltern tanzten auf dem Feuerwehrball im Hofsaal, wo heute ein Hotel steht, und näherten sich einander.

Sie besuchten wilde Partys im Morsumer Wäldchen und feierten mit Freunden die Nächte bis zum Morgen durch, um dann gemeinsam beschwipst die Kühe zu melken, denn denen war es egal, wie kurz oder lang die Partynächte auf Sylt waren. Sie halfen den Kühen, ihre Kälber zu gebären, und sie saßen romantisch am Kliff, mit offener Sicht auf die Keitumer Kirche mit ihrem stolzen Glockenturm, und küssten sich im Sonnenuntergang.

Zwei Menschen, die sich liebten. Auf der Insel Sylt. Weniger friesisch herb, eher friesisch liebevoll.

Meine Mutter brachte die Liebe zu den Tieren mit auf den Hof, packte fleißig und ausdauernd mit an, verzichtete auf Familienurlaub und wurde eins mit der Gegenwart.

Oft lauschte ich ihren Geschichten und geriet ins Träumen. Sie erzählten von meinen Großeltern, davon, wie sie das Familiengut bewachten, und von Schafen, die aus Not bei schlechtem Wetter auf den Heuboden gehievt wurden, um später etwas unsanft in einen Anhänger voll Futter zu fallen.

Dass die auffällige Kerbe in unserem Couchtisch einer Maus geschuldet war, erfuhr ich erst viele Jahre später. Ausgerechnet ein kleiner Nager hatte es vermocht, das friesisch-ruhige Gemüt meines Vaters in seinen Grundfesten zu erschüttern.

Herr Mäuserich trieb meine Eltern zur Weißglut. Er naschte sich durch Vorratsschränke und wich jeder Falle gerissen aus. Des Abends, nachdem meine Eltern erschöpft von Tier und Kind ihre Füße hochlegten und gemeinsam vor dem Fernseher saßen, kam Herr Mäuserich in die Stube und hockte sich nonchalant auf den Boden vor dem Fernsehschrank. Genüsslich putzte er sein Fell mit den Pfoten.

Irgendwann reichte es meinen Eltern mit diesem tolldreisten Mäusemann. So dufte es nicht weitergehen. Am nächsten Abend schnappte mein Vater sich sein Luftgewehr und lauerte ihm auf.

Mit geduckten Köpfen saßen meine Eltern flüsternd auf dem Sofa. Der Wind zog durch die Fenster. Die Tür knarrte. Eines war gewiss, auf Herrn Mäuserich war Verlass. Pünktlich zur *Tagesschau* tapste er wie ein geladener Gast ins Wohnzimmer und machte es sich bequem.

Meine Mutter hielt den Atem an.

Mein Vater zielte.

Und Schuss.

Verdammt.

Der Couchtisch.

Mit gestrecktem Mittelfinger – so glaubten sie zumindest – schlurfte Herr Mäuserich unverletzt und gleichsam unbeeindruckt in sein Loch zurück. Das Gewehr sank, wie meine Eltern, ohne jeglichen Erfolg unbefriedigt in die Polster des Sofas. Die Kerbe im Couchtisch lächelte sie wohlwollend an, gewillt, für immer zu bleiben.

Unzählige Tage vergingen, bis meine Mutter den Mäuserich schließlich fing.

Im Schrank zwischen Mehl und Semmelbröseln ergab er sich seinem Schicksal, doch seine unschuldige Gestalt ersparte ihm das Schlimmste. Als er mit bibbernden Schnurrhaaren und angst-erfüllten großen Augen vor ihr saß, wurde Mamas Herz weich und schmolz dahin. Sie packte den kleinen Kerl behutsam in einen Karton und trug ihn bis ans Kliff. An einem bewachsenen Plätzchen stellte sie den Karton zwischen den Sträuchern ab und ließ den vier-beinigen Hausgenossen frei. Entschlossen flitzte er davon, und meine Mutter stand gedankenversunken da und winkte ihm nach. Am Rande der Insel, wo das Wasser jubelte. Die Flut breitete sich aus und legte sich über den matschigen Schlickboden. Die Muscheln zogen sich zurück. Der Queller – eine genießbare Wattpflanze, auch »Spargel des Meeres« genannt – streckte sich nach dem Meer, um von ihm zu kosten. Dicke Regenwolken entluden sich über Munk-marsch und Kampen, getrieben von den windigen Böen, die meine Mutter blinzeln ließen. Sie drehte sich um und schlenderte nach Hause. Die Luft roch nach Sturm.

Wer Dreck isst, wird trotzdem krank

»Es tut mir leid, aber Ihr Kind braucht wieder Kortison!«

Ich kratzte mir die Ellenbeuge blutig, ohne mich auf die Worte des Arztes konzentrieren zu können. Das geschah immer häufiger. In der Schule, wo ich inzwischen die zweite Klasse besuchte, beim Spielen, beim Essen. Der Zustand meiner Haut verschlimmerte sich in Intervallen.

»Wie kann das nur angehen? Keiner von uns hat diese Hautkrankheit. Und sie lebt auf einem Bauernhof! Auf Sylt! Menschen werden reihenweise hierhergeschickt, damit sie gesund werden.«

Der Arzt rollte auf seinem Stuhl in unsere Richtung. Er sah mich durchdringend an.

»Das hat leider nichts zu sagen. So ein Neurodermitisschub kann bei ihrer Tochter jederzeit auftreten.«

Meine Mutter rümpfte die Nase. Ihre Augen sahen traurig aus.

»Dann bekommt sie eben wieder Kortison, Hauptsache, es geht ihr besser!«

Ich streifte mir meine Ärmel über die kaputte Haut.

»Mama, kann ich morgen zu Frieda? Heute möchte ich nicht mehr.«

Meine Mutter drückte mich an sich und nickte, während der Arzt mit dem Stuhl an seinen Schreibtisch zurückrollte und das Rezept ausstellte.

»Da sollte man mal meinen, dass Kinder, die im Dreck spielen dürfen, nicht krank werden. Wenn ich nur etwas ändern könnte.«

Der Arzt unterschrieb schwungvoll das dünne Blättchen Papier und reichte uns die Hand.

»Wir bekommen das schon hin, sie soll sich heute einfach ausruhen.«

Zu Hause cremte meine Mutter mich vorsichtig ein und goss mir einen Becher Pfefferminztee auf. Ich lag in einer weichen Baumwolldecke auf der Couch und durfte fernsehen. Ich bemühte mich, nicht traurig zu sein. Der Juckreiz ließ langsam nach, während meine Mutter mit liebevollen Streicheleinheiten meine kaputte Haut tröstete. Meine Seele entspannte. Aber ich war unsicher und hatte Angst vor den Reaktionen und Kommentaren anderer Kinder.

Aufgrund meiner Neurodermitis hatten meine Eltern frühzeitig beschlossen, mich in den dänischen Kindergarten und darauffolgend in die dänische Schule zu schicken.

»Die sind viel sozialer«, hieß es landläufig. »Das Kind muss zu den Dänen, die kümmern sich besser!«

Lange Zeit stand Sylt unter dänischer Herrschaft. Im Jahre 1920 entschieden sich die Sylter per Votum, Teil von Deutschland zu sein. Die dänische Minderheit auf der Insel pflegt seither ihre Kultur und Sprache fort. Bei den Dänen duzt man sich, sie haben ein gelassenes Gemüt und empfangen offenherzig jeden Menschen, der Interesse daran hat.

Zwischen Deutsch, Sölring und Dänisch versuchte ich mich zu orientieren. Nach meiner Kindergartenzeit in Westerland besuchte ich die überschaubare Schule in Keitum. Keitum – der Irrgarten der Insel – trumpfte mit beachtlichen Gärten, schmalen, verwinkelten Straßen und beschaulichen Friesenhäusern auf. Blütenpracht führte einen an die Keitumer Kliffseite, wo zahlreiche Füße am Wattenmeer wanderten. Das Grundstück der Schule barg viele kleine Nischen für Kinder, in denen die Fantasie aus ihrem Kokon schlüpfte, um wie ein frischer Schmetterling am Himmel zu kreisen.

Die Erzieherinnen im Kindergarten begegneten mir mit großer Freundlichkeit. Das Dänische breitete sich wie ein kleiner Zauber in mir aus, und ich lernte die Sprache schnell. So hatte ich auch beim Wechsel in die dänische Grundschule keine Probleme. Als ich eingeschult wurde, waren wir zu dritt in der Klasse. Jeden Morgen kam der Busfahrer bis an unsere Straße und sammelte mich und die Nachbarskinder ein. Jule und Danny haben mich oft bis zum Bus begleitet. Sie saßen auf dem Bürgersteig, während ich winkend davonfuhr, in der Hoffnung, sie würden mich nicht zu sehr vermissen. Ich drückte mein Gesicht gegen die Scheibe und sah ihnen nach. Der Busfahrer zwinkerte mir zu, und wir rollten in unserem roten Bus über das Land.

Den erhobenen Zeigefinger hatte die dänische Mentalität nicht erfunden, dafür aber eine Extraportion Spaß und Lebensfreude.

Zur Weihnachtszeit kamen die *julenisse* mit ihren roten Zipfelmützen und halfen dem Weihnachtsmann bei den Geschenken. Wenn in der Adventszeit der prächtige Adventskranz über dem Lehrerpult in der Keitumer Schule hing, saßen sie mit ihren Holzkochlöffeln und weißen Strumpfhosen zwischen den Tannenzweigen und lauschten den Leseversuchen der Schüler.

Man sagt, dass die *julenisse* sich nur bewegen, wenn keiner es sieht. An einem Tag saß ich jede Pause vor ihnen, um sie zu beobachten, und ich schwöre bis heute, dass sich einer bewegte. Minimal. Nur ganz kurz. Die Lehrer munkelten, dass ich eingeschlafen sei – welch eine Frechheit.

Die *julenisse* aßen schleimigen *risengrød*, einen leckeren Milchreis mit Mandeln und Sahne, der auf der Zunge zerging. Wir natürlich auch. Wenn es in Kindergarten- oder Schulzeiten *risengrød* gab, hatte man die Chance, eine Mandel auf seinem Teller zu finden und mit ihr eine Überraschung zu erhalten.

Bei den Dänen wurde viel gesungen und gelacht, doch meine Hautkrankheit konnte auch das nicht heilen. Gefangen in meinem Körper, dem Juckreiz und den Stellen, die für jeden sichtbar waren, hätte ich mich am liebsten nur noch zu Hause vergraben. Meine kleine Kinderseele fühlte sich noch kleiner, ein hartes Los für einen jungen Menschen, doch dank der Liebe und Fürsorge meiner Familie, dem intakten Hof und der immer frohen Frieda an meiner Seite überstand ich auch diese Zeit, in der sich die Neurodermitis wie ein Waldbrand über meinen Körper hermachte und meine Welt für einige Zeit in Feuer legte. Die Krankheit hinderte mich jedoch nicht daran, weitere Freundschaften zu schließen, wenn auch Frieda meine engste Vertraute blieb. Sie hatte einen ganz besonderen Humor und brachte mein Zwerchfell ständig zum Jodeln.

Frieda schlich am Gewächshaus entlang und lugte zu Anton hinüber.

»Komm, Kerin, wir gehen zu ihm!«

Seine imposante Gestalt ließ mich zögern. Er war ein kräftiger Bursche und gewillt, seine Familie zu verteidigen – so wirkte er jedenfalls auf mich.

»Er ist ein Bock, das ist mir nicht geheuer«, entgegnete ich. »Außerdem ist er bestimmt nicht ohne Grund angeleint!«

Meine Freundin verzog das Gesicht.

»Weil wir keinen Zaun haben. Er läuft sonst auf die Straße!«, nörgelte sie und trat entschlossen auf den grasenden Schafsbock zu.

In einem schlabbrigen T-Shirt und kurzen Leggins trottete ich ihr hinterher. Anton schien gänzlich unberührt, was uns betraf.

Zum Glück.

Meine verkrampfte Haltung löste sich, als ich die bunte Kreide sah. Künstlerisch unbegabt, aber mit kindlicher Leidenschaft malte ich hauptsächlich Regenbögen, Sonnen, Herzen und Schnecken auf den asphaltierten Boden vor Friedas Elternhaus. Dass meine Freundin mit ein paar Handgriffen wahre Meisterwerke zauberte, machte mir nichts aus. Sie malte, ich erzählte Geschichten. Vertieft in unsere Welt vergaßen wir die Zeit.

Ich lernte Anton kennen – er war ein feiner Kerl und ließ uns in Frieden zeichnen und toben, meckerte hin und wieder, doch mehr geschah nicht.

Bis wir eines Tages – meine Mutter und ich wollten Frieda und ihre Eltern besuchen – die Einfahrt hinunter- und auf ihn zuliefen. Anton sah zu uns hinauf, als wolle er uns begrüßen, doch seine Leine war stramm und sein Blick fest.

Mit einem Mal blökte der Schafbock, ich zuckte zusammen und sah, wie er sich von der Leine riss. Schreiend drehte ich mich um, um davonzulaufen. Meine Füße rannten die Einfahrt zur Straße hinauf, als ginge es um mein Leben. Mamas Stimme rief nach mir, doch ich konnte nichts verstehen. Mit Blick auf das wild gewordene Vieh brüllte ich nach höheren Mächten.

Dann machte es »rumms«, und es schepperte durch das Dorf.

Mit ungebremster Wucht knallte ich, von Antons Hörnern gestoßen, gegen einen Baucontainer aus Stahl. Ich fiel zu Boden, Tränen flossen, und meine Stirn schwoll an. Anton überholte mich, um sein Frauchen zu begrüßen. Meine Mutter eilte herbei, sichtlich wütend auf das Vieh.

»Kerin, Kerin, ist alles gut?«

Friedas Mutter kam angerannt, entschuldigte sich und wedelte mit den Händen.

»Er wollte mich doch nur begrüßen, das macht er immer!«

Meine Mutter strafte sie eines bösen Blickes und half mir hoch. Mit schmerzendem Schädel brachten sie mich ins Haus. Keiner konnte mich beruhigen. Mein Kopf pulsierte, und die Beule auf meiner Stirn wuchs. Als Friedas Mutter ein Messer, das mir groß wie eine Axt erschien, zückte und aufgebracht »Da hilft nur noch eines, das muss da drauf!« schrie, war bei mir alles verloren.

»Seid ihr wahnsinnig? Erst sterbe ich, und dann wollt ihr mich umbringen!«

Meine Mutter hielt mich fest umschlungen.

»Nein, Kerin, alles gut. Niemand will dich umbringen. Das hilft gegen die Beule!«

Friesisch herb drückte ich mich von ihr weg. Kein Messer für meine Stirn! Ein paar Erbsen und Möhren aus dem Tiefkühler leisteten ihre Arbeit, doch die Beule sollte mich bis heute an jenen Tag erinnern.

Ob Anton oder Gott Schuld an meiner Vorsicht trugen – ich weiß es nicht. Jedenfalls trage ich seitdem ein gesundes Misstrauen in mir. Besonders gegenüber Schafböcken. Jahre später, während meiner Hamburger Zeiten, erntete ich für mein Verhalten leichtes Gemoser von meiner Freundin Moni.

»Kerin, du bist so ein Scheißer, das ist nicht auszuhalten!«, griff sie mich auf hanseatischen Boden an. In kurzem Kleid und auf hohen Schuhen stöckelte sie mit polnischem Stolz an mir vorbei.

Total verdutzt entgegnete ich mit wenig Verständnis: »Warum bin ich ein Scheißer? Was meinst du denn damit?«

Sie rollte mit den Augen.

»Oh Mann, du hast vor so vielem Angst, das ist wirklich schlimm!«, entgegnete sie und warf kühn ihr wallendes Haar nach hinten.

Ich brach in Gelächter aus.

»Moni, das heißt Schisser, nicht Scheißer!«

Von Nackedeis und Erdbeeren

»Mama, da schlafe ich nie wieder!«, erklärte ich mit erhobenem Zeigefinger.

»Aber warum denn nicht? Du magst deine Schulkameradin doch so gern!«

Ich schob meine Unterlippe vor.

Das stimmte. Isa war zwar eine Klasse unter mir, doch die Pausen verbrachten wir des Öfteren zusammen. Dass ich sie für eine Nacht besuchen sollte, hatte mir gefallen, wir verbrachten auch einen lustigen Nachmittag miteinander, doch dann geschah es.

»Aber ich musste mit denen an den Strand!«

Meine Mutter fuhr ungerührt mit dem Kartoffelpellen fort, während Jule Wasser aus ihrem Napf schlabberte.

»Jetzt tu doch nicht so, als würdest du nicht gern an den Strand gehen!«

Ich nahm ein Stück gekochte Kartoffel vom Stapel und stopfte es in meinen Mund.

Meine Wangen erröteten.

»Aber alle waren nackig! Ihre Eltern, ihr Onkel, ihr Bruder und so ein komischer Freund!«

Meine Mutter grinste.

»Das nennt man FKK, Kerin. Das machen viele Menschen!«

Meine Augen weiteten sich.

»Aber Mama, sie waren nackig, richtig ni-na-nackig! Ich konnte alles sehen!«

Bei dem Gedanken schluckte ich das Stückchen Kartoffel schwer hinunter.

Der Ausflug hatte mich gleich vor zwei Herausforderungen gestellt, denen ich die Stirn bieten musste. Ich konnte mit meinen neun Jahren immer noch nicht schwimmen und schämte mich meiner Nacktheit, insbesondere wegen meiner Hautkrankheit. Es gab Zeiten, da trug ich im Sommer lange Kleidung und schlich in die Gemeinschaftsduschen, wenn keiner da war. Dass plötzlich Isas Verwandte mit wackelnden Brüsten und schlackernden männlichen Genitalien fröhlich durch den Sand rannten, schürte in mir erhebliche Bedenken, ob ich ihnen überhaupt noch einmal in die Augen gucken könnte.

»Also ich habe nicht mitgemacht, und das werde ich nie, das kann ich dir sagen. FKK wird es in meinem Leben nicht geben.«

Ich verschränkte die Arme und lehnte mich an den Stuhl. Meine Mutter tischte das Essen auf, und mein Vater kam herein. Das Buttergemüse duftete und ließ meinen Magen knurren. Papa wusch sich die Hände und nahm Platz.

»Papa, ich bin gegen ein Auto gefahren ...«

»Ist dir was passiert, mein Küke?«

Wehleidig verstellte ich meine Stimme.

»Nein, aber ich bin hingefallen, und Mama hat mich einfach aufgescheucht.«

Er runzelte die Stirn.

»Und was ist passiert?«

Ich legte meine Gabel beiseite und holte aus.

»Also, ich bin die Brücke hochgefahren, mit meinem neuen Fahrrad, und wollte gucken, ob jemand im Garten ist und mich sieht. Dann schrie Mama schon ganz laut und schwupps, bevor ich nach vorn gucken konnte, lag ich auf der Motorhaube!«

Papas Stimme wurde lauter.

»Und was hat der Fahrer gemacht?«

Meine Mutter schmunzelte.

»Den gab es nicht. Das Auto stand auf dem Seitenstreifen.«

Papas Wange zuckte.

»Gab es eine Beule?«, fragte er.

»Am Auto nicht«, erklärte meine Mutter.

Ich knallte mit den Ellenbogen auf den Tisch.

»Ey, bei mir gab es übrigens auch keine Beule, aber ich habe den ganzen Weg geweint!«

Die treuen Augen meines Vaters sahen mich liebevoll an. Er legte mir die Hand auf die Schulter, beugte sich hinüber und küsste meine Stirn.

»Ist doch alles halb so wild, Kerin. Gleich geht's mit Mama ins Erdbeerparadies, das bringt dich auf andere Gedanken.«

Ein erleichtertes Schnauben entwich meiner Nase.

Papa rieb sich angestrengt die Stirn.

»Dieser Scheißostwind!«, moserte er und aß weiter.

Ich stocherte in meinem Essen.

»Papa, magst du FKK?«

Er prustete laut los, und meine Mutter und ich fielen lachend mit ein.

Wenn der Wind von Osten wehte, litt mein Vater an Kopfschmerzen, andern wurde übel oder schwindelig. Die Vorstellung, dass der Wind daran Schuld trug, war für mich ein Phänomen.

Wahrscheinlich kommt das mit der Zeit, denn heute kenne ich das Problem. Wo ich vormals gänzlich unberührt von solchen Zipperlein war, hat sich der Kopfschmerz inzwischen auch bei mir eingeschlichen. Sobald der Kopf drückt, schaue ich aus dem Fenster, und was haben wir? Ostwind. Zur Frühjahrszeit kommt durch die Pollen vermehrtes Niesen hinzu – na, herzlichen Glückwunsch! Es ist, als würde die Festländer Luft mir auf den Schädel schlagen.

Heute schimpft Onkel Jeppe wiederkehrend in seinen langen, kräuseligen Bart, wenn der Wind von Osten weht.

»Kerin«, sagt er mit tiefer Stimme – seine Gestalt ähnelt Gandalf in gelben Gummistiefeln –, »dass der Wind so oft von Osten weht, das hat es damals nicht gegeben! Eine komische Welt ist das geworden!«

Er streicht sich durch sein volles Haar und schüttelt sich.

»Da soll man mal meinen, die Zeiten werden besser. Aber so richtig weiß ich das noch nicht!« Dann stapft er mit seinen Mitte siebzig zurück ins Haus und guckt für den Rest des Tages aus dem Küchenfenster.

Der Kiesel des Parkplatzes knirschte unter unseren Autoreifen. Meine Freundin Runa stand blass wie eine Albinostute neben dem Hofladen und schwang ein aus Weide geflochtenes Körbchen in die Luft. Auf ihren Wangen tummelten sich Sommersprossen, und ihre spargelartige Figur schwankte im Wind. Das große Lächeln mit den perfekten Zähnen glänzte mir entgegen. Sie glich einer Elfe.

Bevor meine Mutter aussteigen konnte, schnallte ich mich ab und drückte den Vordersitz nach vorn, um durchzukriechen.

In Braderup, zwischen Feldern und Wiesen, Wattenmeer und Westküste, lag ein kleines, verstecktes Paradies, das Runas Eltern betrieben. Das Erdbeerparadies. Ein Familienbetrieb mit enger Bindung zum dänischen System und ökologischen Werten, in dem alles angebaut wurde, was unter den Inselbedingungen zu wachsen vermochte. Unter anderem Erdbeeren.

Die Pferde galoppierten über die Fennen.

»Mama, darf ich die Erdbeeren selber pflücken?«, fragte ich und sprang meiner Freundin entgegen.

»Ja klar, deswegen sind wir ja hier. Ich besorge dir einen Korb, dann könnt ihr die Erdbeeren sammeln, ein bisschen spielen, und ich hole dich später ab.«

Das mit dem Körbchen hatte sich schnell erledigt. Meine Freundin trat einen Schritt zur Seite und zauberte eins für mich hervor.

Während meine Mutter im Hofladen verschwand, gingen wir beide auf Entdeckungstour. Vor unseren Augen erstreckte sich ein fußballfeldgroßes Feld mit saftigen, leuchtend roten Erdbeeren, die sich unter ihren grünen Hütchen vor den Sonnenstrahlen versteckten.

In sauber gezogenen Reihen, zwischen Bienen und Hummeln, genossen sie die Sommerluft, frisch von der Nordsee bestäubt, und warteten darauf, gepflückt und verspeist zu werden. Zitronenfalter setzten sich auf ihnen nieder und widmeten sich einer Rast. Die Ameisen verschwanden unter den Pflanzen und bauten ihre Gänge aus.

Vereinzelte Wolken, flauschig, wie ungeschorene Schafe, zogen mit dem Wind Richtung Süden und ließen die Sträucher rascheln. Runa strahlte mit dem Tag um die Wette, ihre Wangen waren trainiert.

»Komm, Kerin, ganz hinten gibt es die besten, die meisten Leute gehen nicht so weit!«

In abgewetzten Sandalen stürmten wir an ein paar Menschengruppen vorbei bis ans Ende des Feldes. Runa hatte recht. Groß, fest und fruchtig, umschlungen von Rosengewächs, hielten die Erdbeeren miteinander Händchen. Ich pflückte die größte ab und steckte sie mir in den Mund. Süßlich warm zerging ihr Saft auf meiner Zunge.

Ich sah zu Runa hinüber, die drauf und dran war, eine ganze Handvoll zu verzehren.

»Dürfen wir naschen?«, fragte ich schuldbewusst.

»Meine Mama sagt, so viel wir möchten«, konterte sie und stopfte sich die süßen Früchte in den Mund. Da sie zur Familie gehörte, hatten wir Narrenfreiheit. Wir naschten uns durch die Gänge, während andere brav ihre Körbchen füllten und zum Abwiegen in den Hofladen marschierten. Wir sammelten und aßen, bis uns die Lust daran verging. Unsere randvollen Körbchen brachten wir zu Runas Vater, der die Kundschaft bediente.

»Sollen wir ins Gewächshaus gehen?«, fragte meine Freundin. Ich nickte, doch sie raste schon los, ohne auf meine Antwort zu warten.

»Runa«, rief ich, hinter ihr herstürmend, »hast du schon mal FKK gemacht?«

Sie lachte laut.

»Na klar, das machen wir ständig. Du etwa nicht?«

Wir strichen neben den Feldern her, betrachteten die Tiere auf den Fennen und lachten uns durch den Nachmittag.

Als ich zufrieden mit meiner reichen Beute auf dem Kindersitz im Auto Platz nahm, lächelte meine Mutter mich durch den Rückspiegel an.

»Und, wie war es, Kerin?«, fragte sie.

»Das war ganz toll, Mama. Wie im Paradies!«

Die Mittagshitze machte mich müde. Zu Hause legte ich mich mit Kater Danny ins Bett und ruhte mich aus. Er schnurrte in meine Halsbeuge, während ich durch mein Zimmerfenster die Wolken beobachtete. Nebenan hörte ich Jules Pfoten über das Parkett streifen. Meine Eltern unterhielten sich leise, sodass ich kein Wort verstand.

Dass ein Berg an Hausaufgaben in meinem Ranzen kauerte, machte mir nichts aus. Dass meine Kniekehlen juckten, schon eher. Die Hautkrankheit hatte mich völlig unter Kontrolle. Doch meine Mutter hatte die Gabe, mir diese eingeschränkte Sicht zu nehmen.

Mit Spiel und Spaß bemühte sie sich Tag für Tag, mich vergessen zu lassen, was mich des Nachts nicht schlafen ließ. Wenn die Fingernägel zu kurz zum Kratzen waren, rieb ich so lange an meiner Haut, bis sie sich löste. Als wäre ich fremdgesteuert, gab es kein Entkommen, diesen Reiz zu umgehen.

Meine Augen fielen zu. Danny sang mich schnurrend in den Schlaf.

»Kerin«, rief meine Mutter, »aufstehen, sonst verschläfst du den Tag! Ich habe den Rasensprenger draußen an, und du bekommst gleich Besuch!«

Ich rieb mir die Augen, streckte die Glieder, und Danny rutschte mir von der Brust. Unbeirrt legte er sich, mit allen vier Pfoten in die Höhe gereckt, auf den Rücken, kuschelte das Gesicht in meine Decke und schlief weiter. Ich stieg aus dem Bett und trank einen Schluck Wasser. Draußen brüllte Tjarve nach mir.

Schnell war ich wieder hellwach, und der Sommer hatte mich zurück. Wir düsten durch den Garten, versteckten uns auf dem Heuboden und sprangen durch den Rasensprenger, selbstverständlich im Schlüppi, bis wir klitschnass waren.

Die Autozüge waren bis auf den letzten Platz mit erwartungsvollen Gästen gefüllt. Am Hauptstrand in Westerland sonnten sich die Touristen wie Sardinen in Blechdosen aneinandergereiht. Ferienkinder trafen in der Nachbarschaft ein, und wir freundeten uns mit ihnen an. Gemeinsam sammelten wir am Kliff Krebse, versteckten uns zwischen den Dünen und spielten Hinkepott – ein Hüpfspiel, das mit Kreide auf die Straße gemalt wird – oder Fußball auf der Straße. Die Ferien verbrachten wir auch an den Stränden, wenn der landwirtschaftliche Betrieb es zuließ, doch meist blieb ich in Morsum bei meiner Familie. Eine Radtour mit Mama, ein Spaziergang mit Papa – was gab es Schöneres?

Blitz und Donner, Sturm und Schnee

Wie von einem wahnsinnigen Wettergott getrieben, lechzten die Sturmfluten unzählige Male nach den Küsten Sylts. Die Deiche mussten durch Mannes- und Frauenkraft mit dicht gefüllten Sandsäcken gestützt und geschützt werden, alle Dörflinge packten mit an. Pack schlägt sich, Pack verträgt sich, wie es sich für eine gesunde Gemeinde auf dem Land gehört. Wenn es sein muss, hält man zusammen.

Der Regen klatschte gegen die angestrengten Gesichter und riss mit seiner Wucht die Helfer zu Boden. Von Schickimicki keine Spur. Der Dreck klebte an den Arbeitsjacken, die gelben Friesennerze färbten sich im Schlamm.

In unserem Flur hing jahrelang ein Bild von einer dieser Sturmfluten, die willig nach Land gierte. Machtvoll, kraftvoll und ungehalten.

Es war eine Zeit, in der die Freiwillige Feuerwehr in ihren Orten große Mannschaften bildete. Mächtig, brüderlich und familiär. Die Deiche unserer Insel blieben bewahrt, doch die Westküste darbte an Sand. Es war eine Zeit, in der die Leute in Scheunen gemeinsam Bier tranken, und alle fühlten sich willkommen. Die Cliquen waren groß, die Insulaner waren beisammen. Die wohlhabenden Leute feierten anderenorts ihre wilden Feste, auf ihre Art und Weise. Kampen lockte seit Jahren die Prominenz an die Küsten Sylts. Schampuskorken knallten, und Koks glimmerte im Nachtlicht. Ein königliches Amüsement.

Die Natur der Insel inspirierte Maler zu farbenprächtigen Gemälden. Gedichte und Romane fanden auf Sylt ihren Ursprung, und Künstler genossen die Wildheit der Nordsee.

Die einzige Prominenz in unserer Familie war mein Ururgroßvater, der bis heute die Postkarten mit dem Eisbootmotiv schmückt. Er, der Vorderste auf dem Bild, war einer der Männer, die täglich bei Wind und Wetter mit dem Boot auf das Festland fuhren, um die Menschen mit Briefen und Paketen zu versorgen, bevor der Hindenburgdamm gebaut wurde.

Es war eine Zeit, in der man Angst vor Gewittern hatte, weil keiner wusste, ob der Blitzableiter sein Versprechen halten würde. Zumindest in meiner Familie.

Meine Urgroßmutter war von Furcht besessen gewesen. Wenn die Wolken düster den Himmel eroberten, scheinbar zum Kampf bereit, dann zupfte sie nervös ihren geflochtenen grauen Dutt zurecht, zog Schuhe und Mantel über und packte ihren Koffer. Alle folgten ihren Anweisungen. Aus Angst, sieben Jahre in Unglück zu leben, nahm sie den Spiegel von der Wand und legte ihn unter Wolldecken vergraben auf das Bett. Bis der Donner sein Schimpfen einstellte, saßen die drei Generationen eingepfercht in der Küche, ohne viel Bewegung und ohne Schnack – eine Seltenheit in meiner Familie.

Erst als der letzte Blitz verschluckt und das letzte Murren des Donners verstummt war, atmete meine Urgroßmutter auf und erlöste den Rest der Familie aus ihrer Starre. Dass sie vor Erleichterung die Hände an die Wangen legte und »Welch ein Glück, es ist überstanden!« durch die dünnen Wände rief, bewahrte sie nicht vor ihrem Unglück. Denn mit den Gedanken bereits beim Auspacken vergaß sie eines Tages den Spiegel und ließ sich erleichtert auf das Bett fallen.

Es klirrte.

Sie schrie.

Der Spiegel zerbrach, und die Tränen flossen. Stundenlang. Keiner konnte sie beruhigen, und alle waren schuld an dem Desaster.

Doch die folgenden sieben Jahre wurden hell und klar und glitten ohne Unglück zufrieden dahin.

In meiner Kindheit konnten die Winter auf Sylt hart sein. Sie peitschten uns den Frost um die Ohren. Schneeböen sammelten sich zu Bergen an und versperrten den Weg zwischen Morsum und Archsum.

Damals hätten wir Schneemänner so hoch wie zwei gestapelte Heuballen bauen können, hätten wir die Kraft und die Größe besessen. Eisige Winde bissen einem gefräßig ins Gesicht. Die Hände waren nur in gefütterten Handschuhen sicher vor der Kälte. Weiße, dicke Flocken legten die Landschaft in den Schlaf, den sie verdiente. Die Natur ruhte sich aus. Die Kaninchen schliefen in ihrem Bau, und das Wattenmeer zerbrach unter dem langen Frost in eisbedeckte Schollen. Die Ostküste Sylts glich einer vom Winter geknechteten Mondlandschaft, während die Westküste von eisigem Meereswasser umspült wurde. Weiße Dünen hielten den Wetterverhältnissen stand und glitzerten im Sonnenlicht, sobald die Wolken es erlaubten.

Wenn der Wind nachließ, der Winter auf dem Boden schlummerte und die Wintersonne auf Sylt nach dem Rechten schaute, erhellte Kinderlachen den Tag. Eltern, eingehüllt in Mäntel und Schals, zogen ihre Schlitten durch das weiße Wunder, während die kleinen Hände in gefütterten Fäustlingen die Holzstäbe umklammerten. Dicke Spuren der Kufen kreuzten andere. Es war, als hätte der Schnee das Lachen der Kinder in all seinen feinen Eiskristallen gespeichert, die er immerzu aufwirbelte, wie auch mein Lachen.

Ich drückte meine Nase gegen die Scheibe des Holzfensters im Wohnzimmer. Auf dem Parkplatz versammelten sich ein paar Freunde. Mit meiner Faust klopfte ich kräftig gegen das Fenster und wedelte wild mit den Händen.

»Mama, können wir jetzt los? Die anderen sind schon da.«

Jule sah mir mit trägen Augen zu. Das Schneetreiben hatte sie müde gestimmt. In einer märchenhaften Windstille glitzerte und funkelte der Schnee in Richtung Himmel, als wollte er die Unendlichkeit grüßen.

»Ja, können wir. Zieh dich schon mal an!«

Ich sprang von der breiten Fensterbank aus der Gaube auf den Boden, dass es nur so rummste. Na ja, Oma Matche und Opa Gogge in der Wohnung unter uns kannten das Theater von oben. Jule stand vor der Couch, darauf wartend, dass wir endlich verschwanden, um sich dann wie üblich heimlich auf die dunklen Polster zu legen und mit Danny zu kuscheln. Wie ein kleines Rehkitz lag der kleine Kater dann an ihrem Bauch und ließ sich von ihrem Atem in den Schlaf schaukeln.

Ich marschierte in den engen Flur und suchte meine Klamotten zusammen. Eine dicke violette Jacke und eine dunkle Schneehose hingen an einem der Haken, der kaum Platz für weitere Kleidung bot. Ich griff nach ihnen und sprang hoch. Sie fielen zu Boden, und ich schlüpfte hinein. Damit kein Schnee seinen Weg zu meinen Zehen finden würde, schnürte ich die Stiefel fest zu.

»Ich bin fertig, ich gehe schon mal!«

»Hast du deine Handschuhe?«

Ich sah auf meine Hände.

»Brauch ich nicht!«

Meine Mutter kam aus der Küche.

»Kerin, ohne Handschuhe wird das nichts. Du musst dich gut festhalten können!«

»Okay!«, sagte ich in einem genervten Tonfall.

Als ich die Haustür aufdrückte, hörte ich den Trecker hinterm Hof aufheulen. Ich bemühte mich, die Treppe nicht wie eine Wahnsinnige hinunterzustürmen, als meine Freundin Jenna durch die Pforte spähte und mit ihren Geschwistern nach mir rief. Ich lief durch den eisigen Schnee. Meine Schritte knatschten.

Jennas rotes Haar leuchtete mir entgegen. Winzig klein und flink huschte sie wie ein Kaninchen über die Schneedecke. Ihre quietschende Stimme holte sie ein. Ich formte eine feste Kugel und bombardierte ihren kleinen Bruder. Jelte, viel zu dick eingepackt, bewegte sich wie ein gefesselter Pinguin ohne eine Chance, es mir gleichzutun. Als sein Lachen in ein Wimmern umschlug, erlösten wir ihn und rollten gemeinsam kleine Schneekugeln für eine zwergengroße Schneemannfamilie.

Meine Mutter rief nach uns, als der Trecker fertig beladen war.

Zehn Schlitten hingen, mit genügend Abstand zueinander, an seiner Stoßstange.

Mein Magen kribbelte.

Wir besetzten den zweiten Schlitten in der Kette. Jenna klammerte sich jauchzend um meinen Bauch, während ich mir vorne die Zügel spannte. Um uns herum die lachende Gesellschaft der Dörflinge, der Schnee hatte unsere Herzen mit voller Kraft getroffen und eingenommen.

Oma Matche blinzelte durch das Schlafzimmerfenster und rieb sich die Stirn. Opa Gogge stand mit Pfeife am Zaun und schwieg.

»Das ist viel zu gefährlich!«, hatten sie zuvor gesagt, doch meine Eltern sahen das anders.

Alle nahmen auf ihren Schlitten Platz, und mein Vater setzte sich hinters Steuer des Treckers. Es war laut, mein Herz pochte.

»Kerin, wenn ihr irgendwo hängen bleibt, lasst euch zur Seite fallen, verstanden?«

»Jahaaa!«, riefen wir.

Papa grinste, legte den Gang ein und zog mit langsamer Kraft Schlitten für Schlitten auf Spannung.

Ich klammerte mich so fest, dass ich die Schnur durch meine Fäustlinge spürte.

Wir fuhren die Straße hinab, mit Blick auf die erste Kurve. Sanft glitten wir in den Spuren der gigantischen Reifen. Hinter uns ertönte Gejohle. Die drei letzten Schlitten hatten Mühe, nicht in den Einfahrten der Nachbarschaft zu landen. Mein Vater, einen Arm über die Sitzlehne gelegt, beäugte das Spektakel, und ein verschmitztes Lachen blinzelte mich an.

»Schneller, Papa, schneller!«, schrie ich vor Begeisterung.

Wir schlitterten durch das Dorf und bogen Richtung Wäldchen ab.

»Gut festhalten, jetzt geht's los!«, rief mein Vater über seine Schulter und drückte aufs Gaspedal.

Schnee spritze wie die Gischt von unseren Schuhen in unsere Gesichter. Hinter uns großes Getöse, wenn die nächste Kurve zu erahnen war. Die Sonne blendete. Mit einem Mal schrien alle.

»Halt, halt! Da sind welche im Graben, halt!«

Doch der Trecker war zu laut. Papa fuhr weiter.

»Halt, Papa! Anhalten!«, rief ich, während schillerndes Gelächter über meine Worte purzelte.

Er drehte sich um und warf die Hände über den Kopf. Vorsichtig bremste er, damit keiner von hinten auffuhr.

Mama war mit ein paar Freunden auf dem letzten Schlitten gewesen. Unter Gelächter krochen sie, mit Schnee bedeckt, aus dem tiefen Graben zwischen Straße und Fenne heraus. Alle stiegen von ihrem Holzgaul hinunter und lachten. Eine Thermosflasche mit Punsch machte die Runde, während die letzten Mohikaner, also Sylterianer, durch die Schneewüste schlichen. Aus der Puste, mit leuchtenden Augen und tiefen Lachfurchen um den Mund griffen sie nach dem Heißgetränk. Wir Kinder wurden ungeduldig. Wir wollten mehr. Viel mehr und vor allem schneller! Es wäre doch gelacht, wenn es nicht jeden von seinem Schlitten fegen würde.

Nach ein paar Schlucken Kinderpunsch, zu dem wir verdonnert worden waren, tauschten Jenna und ich nach ein wenig Gequengel unsere Plätze. Ich legte meine Hände um ihren Bauch, und wir schossen mit fröhlichem Gelächter durch das Hinterland von Morsum. Die Kälte schmolz auf unseren glühenden Wangen, und das winterweiße Traumland breitete sich vor uns aus. Pferde galoppierten durch den Schnee, und weißer Puder flog von den Ästen. Ich streckte meine Beine über die Kufen aus, sodass der Schnee in einer Fontäne spritzte. Meine Freundin versuchte, meine Füße wegzudrängen.

»Kerin, hör auf damit. Wir fallen noch vom Schlitten!«

»So ein Blödsinn!«, schrie ich gegen den Fahrtwind und machte weiter. Hinter mir ertönte Gemecker. Bevor ich mich umdrehen konnte, verlor ich den Halt.

»Ich bekomm' meine Beine nicht mehr hoch, Hilfe!«

Jenna nahm mich erst nicht ernst, doch dann spürte sie meinen schnürenden Griff in ihrer Magengrube. Sie schrie nach Papa und zog an meinen Beinen.

»Ich falle gleich, ich falle gleich!«, kreischte ich, und mit einem Ruck schnellte ich vom Schlitten und landete mit dem Gesicht im Schnee. Es war nass. Es war kalt. Um mich herum tummelten sich Menschen. Ich hörte die Stimme meiner Mutter. Ich kniff die Augen zusammen und hob den Kopf, um mich zu schütteln. Jenna ließ sich neben mir in den Schnee fallen.

»Oh Mann! Ich habe doch gesagt, du sollst das nicht machen!«

Als die Truppe merkte, dass ich weder Brüche noch Schrammen davongetragen hatte, ertönte das erste Lachen. Alle waren nach mir vom Schlitten gesprungen, um mich nicht zu überfahren. Somit war jeder hier und da mit einem Häufchen Schnee verziert. Der Trecker war verstummt, und mein Vater rannte mir entgegen.

»Alles gut, mein Küke?«, rief er.

Ich nickte und ließ mich in seine Arme sinken. Nach der Aufregung gab es noch mehr Punsch für alle. Der Himmel zog sich zu. Neue Schneeflocken spannten ihre Fallschirme, um von ihrer Wolke zu segeln. Wir fuhren noch bis zum Deich, dann schlitterten wir etwas gesitteter nach Hause.

Mit viel Freude im Bauch kuschelte ich mich abends zwischen meine Eltern auf das Sofa. Mein Vater legte seine Füße auf den Couchtisch mit der ominösen Kerbe, meine Mutter tat es ihm gleich. Ihr welliges Haar kitzelte mein Gesicht. Ich gähnte wohlig und fiel in einen tiefen Schlaf.

Maskenlauf und Biikebrennen

Die Weihnachtstanne flog wie eine ermüdete und von den Feiertagen gemästete Gans auf den Boden. Das neue Jahr wurde mit Speis und Trank empfangen.

Wie jedes Jahr war der Weihnachtsmann nicht mit dem Schlitten, sondern mit der alten, nach Duftbaum riechenden Karre von Oma Mutti und Opa Hans gekommen. Eines Nachts, als ich bei ihnen schlafen durfte, wollte ich ihrer Verbundenheit mit dem Weißbärtigen auf die Schliche kommen, doch außer einem warmen Fußbad und dem *Musikantenstadl* im Fernsehen gab es keine Auffälligkeiten. Später, als Oma und ich schon im Bett lagen, riss Opa die Schlafzimmertür auf, knipste ein kleines Licht an und brüllte laut »Schneeballschlacht!«. Eisig kalte Kugeln, die er in einem Kochtopf gesammelt hatte, flogen uns um die Ohren. Das Bett und unsere Schlafanzüge waren pitschnass, meine Wangen schmerzten vor Spaß, und Omas Gelächter schallt bis heute durch die Wände ihres alten Hauses.

Zu Silvester verkleidete ich mich mit meinen Freundinnen. Mit Schlips, einer Brille mit Schnurrbart und einer karierten Hose stopfte ich ein Kissen unter meinen Pulli. Wir gingen, wie so viele in diesem Dorf, unter Maske. Der Maskenlauf war eine Tradition des Ortes. Aufgeregt klingelten wir an den Türen, fröhliche Gesichter warteten gespannt auf unsere Zeilen, und wir sangen über Dorf und Klatsch. Gedichtet hatten meist unsere Mütter – die Texte waren gerissen und brachten jeden zum Schmunzeln. Uns auch. Sie bescherten uns reichlich Süßigkeiten und die eine oder andere Mark. Danach versammelten wir uns bei Freunden, die ihr Haus zum Feiern bereitstellten. Mit Knallern, Luftschlangen und Kinderpunsch feierten wir den Jahreswechsel. Die Masken, die mit tosendem »Prost Nijahr!« über die Türschwellen stolperten, wurden immer älter, und die Musizierenden immer betrunkener. Einige Texte ertranken in Hochprozentigem, und ein feiner Anteil der Masken schlief mit seinen Köpfen auf dem Tisch bei uns ein. Zuerst lustig, manchmal etwas lästig, zumindest aus Kindersicht.

Um Mitternacht küssten sich alle auf den Mund, ob sie zusammengehörten oder nicht. Nachdem ich das einmal erlebt hatte, musste ich für die nächsten Silvesterpartys schon mal vorab klären, dass ich nur meine Eltern küssen würde, vielleicht meine Freundinnen, aber keine andern.

Dass Feuerwerk und Knaller außerhalb der Westerländer Promenade verboten waren, kam meinem zarten Gemüt zugute, mir reichte die ganze Aufregung um die Nacht zur Genüge.

Der Weihnachtsbaum lag leicht vertrocknet draußen, bis im Februar endlich für die Biike eingesammelt wurde. Ein Hauch von Engelshaar, rot glänzend, hing verlassen an einem der Zweige. Der Baum sah traurig aus – seine Zeit war gekommen. Es war, als würde er wissen, dass ihn der Nieselregen für die nächsten drei Tage einweichen sollte, während der Himmel grau vor sich hin dibberte. Der Schnee, den wir zu Heilig Abend genossen hatten, war bereits verschwunden, doch meist kam er zu Biike zurück. Auch er brauchte eine Pause, wie die Saison. Es wurde still auf Sylt.

Der Anfang des Jahres war verhalten. Die Kühe wollten weiter gemolken werden, aber die Felder waren kahl.

»Lange werde ich nicht mehr melken!«, sagte mein Vater und legte sich gähnend auf die Couch.

Ich sah ihn erschrocken an und schloss das Fenster. Tüs, du alter Baum.

»Aber was passiert mit den Kühen, wenn du nicht mehr melkst?«, fragte ich.

»Die werden dann verkauft«, sagte er leise und drehte sich auf die Seite. Sein Schnarchen ließ mich mit dem Gedanken allein.

Meine Mutter wirbelte durch die Küche und wusch das Geschirr. Sie hatte alles gehört.

»Jetzt guck nicht so traurig, Kerin«, sagte sie, als ich meine Arme um ihren Bauch schlang. »Wenn die Tiere verkauft werden, kommen neue. Versprochen. Die Arbeit ist nur zu viel. Es lohnt sich nicht. Die Milchpreise sich schlecht.«

Ja, die Arbeit war damals bereits utopisch. Es gab keinen Urlaub, die Nächte waren kurz, und kaum jemand wusste das zu schätzen. Dass es in der Zukunft noch deutlich schlechter werden würde, für die Tiere und die Bauern, ahnte seinerzeit keiner.

Ich kuschelte mich in die Arme meiner Mutter und wurde träge.

»Möchtest du mit dem Fahrrad zu Jenna fahren?«, fragte sie sanft.

Ich schüttelte den Kopf. Der Wind pustete durch das Reet, der Anfang des Dorfes war zu weit entfernt. Jedes Mal, wenn ich zu Jenna fuhr, hatte ich Gegenwind. Ob Hin- oder Rückweg – er drehte sich ständig, nach seinen Hänseleien stand mir nicht der Kopf. Ich hütete lieber mit meiner Mutter die Wohnung, bis sie zu den Tieren musste und ich mich in meinem Zimmer verkroch.

Es war still im Ort. Alle blieben in ihren Häusern. Ein Samstag, an dem keine Touristen durch die Straßen streiften und jeder unter einer Wolldecke den Nachmittag genoss.

Des Morgens legte sich der Nebel wie ein frommer Schleier über die Felder. Die Stille kroch durch ihn hindurch. Der Mond hatte voll am Himmel gestanden und in die Fenster geleuchtet. Kein Windzug war zu spüren, bis das Tageslicht ihn weckte.

Der Januar war für gewöhnlich ein ruhiger Monat, in dem sich alle auf den 21. Februar freuten. Biikebrennen. Bis zu diesem Datum wurden Bäume gestutzt und Hecken geschnitten. Jedes Dorf hatte seinen Biikeplatz, auf dem die Einwohner einen Haufen von Gestrüpp und Geäst sammelten. Damit die Bewohner der Nachbarsdörfer diesen nicht vorzeitig anzündeten, schoben die Konfirmanden Nachtwache. Später wurde die Biikewache von wechselnden Posten übernommen.

An diesem Abend aßen alle Grünkohl mit Wurst und Kassler, dazu karamellisierte Kartoffeln, und tranken Bier. Mit einem brennenden Fackelzug marschierten die Dorfbewohner vom Treffpunkt bis zur Biike, meist gegen sechs Uhr abends, wenn es dunkel war. Kinder tobten um den Haufen aus Gestrüpp und ausrangierten Weihnachtsbäumen, und Punsch wurde ausgeschenkt. In Morsum wurde eine Rede auf Sölring gehalten, und »Üüs Söl'ring Lön' – Unser Sylter Land«, die Hymne Sylts, gesungen. Der Text handelt von Syltern, der Liebe zu ihrer Insel und dass ein jeder Insulaner Sylter bleibt, egal, wo er lebt. Im Herzen lässt einen seine Heimat nie wieder los. Danach schwirrten alle mit ihren Fackeln um den Haufen, auf dessen Spitze eine Puppe thronte. Mit dem Biikefeuer und dem Fackelzug wurden vor Hunderten von Jahren die Walfänger in die offene See verabschiedet. Böse Geister und der Winter wurden ausgetrieben, und während das Feuer aufloderte, wurde jedem warm.

Obwohl ich dank Oma Matches Kommentar um meine Jacke bangte, nahm ich meinen Mut zusammen und rannte mit Frieda zu Jenna und Tjarve. Wir verbündeten uns mit anderen Morsumer Kindern und liefen durch die Rauchwolke, die vom Wind getragen gen Osten trieb. Die Flammen loderten, und Hitze stieg auf. Meine Eltern standen mit ihren Freunden zusammen und unterhielten sich. Biikebrennen zog viele Sylter, die fortgegangen waren, als traditionelles Fest auf die Insel zurück. Die Dörfer vereinten sich.

Der Rauch kratzte uns Kindern in den Lungen, der Spaß war vorbei. Frieda und ich schlenderten mit unseren Familien die Straße entlang. Mein Bauch grummelte vor lauter Vorfreude auf den Grünkohl. Als wir an der Brücke angekommen waren, trennten sich unsere Wege wieder einmal. Wir verabredeten uns für den nächsten Tag zum Petritanz, und meine Eltern und ich kehrten bei Oma Mutti, die an glühenden Herdplatten stand, ein.

Das deftige Traditionsessen forderte den einen oder andern klaren Schnaps bei den Erwachsenen. Meine Augenlider wurden mit jedem Bissen schwer, und bevor mein Vater mich nach Hause tragen musste, verabschiedeten wir uns. Bettfertig kroch ich unter die warme Decke und träumte von blumigen Kleidern und festlicher Musik.

Frieda und ich hatten zunächst *fastelavn* mit unseren Schulkameraden gefeiert. Ein Karnevalsfest in der Sporthalle in der dänischen Schule. Piraten, Ballerinas, Drachen und Matrosen hielten sich an den Händen und sangen Lieder über *fastelavnsboller*, süße Faschingsbrötchen mit Füllung und Glasur, in ihren Mägen. Eine Holztonne, gefüllt mit Bonbons und Zeitungspapier, baumelte von der Decke und versteckte in ihrer Mitte eine schwarze Katze aus Karton. Kinderhände zückten die Baseballschläger, welche normalerweise für *rund-* oder *langbold*, ein traditionelles skandinavisches Wurf-, Fang- und Laufspiel, bereitstanden, und schlugen abwechselnd auf die Tonne ein. Es rieselte Süßigkeiten, und wir Kinder tobten. Der typische Klassenclown, der sich nie an die Regeln hielt und die Tonne regelrecht verprügelte, half dem nächsten Verkleidungskünstler, die Katze zu erlegen und zu siegen. Das Kuchenbüfett wurde eröffnet, *fastelavnsboller* hinterließen braune Schokoladenmünder, und Limonade klebte an den Händen.

Beim Petritag im Muasem Hüs, dem Dorfmittelpunkt für Feste und Veranstaltungen, glänzten Lackschuhe im Scheinwerferlicht, und bunte Kleider wirbelten durch den Raum. Beim Kinderfest nach der Biike schwoften Familien auf der Tanzfläche und tanzten den Ententanz. Oma Matche und Opa Gogge hatten mir wie jedes Jahr ein paar Taler für die Naschecke zugesteckt. Unter Zuckerschock sprangen alle wie glitzernde Flummis durch den Saal und verteilten gegenseitig Kopfnüsse.

Ich hatte mit Jenna zuvor fleißig für den Hula-Hoop-Wettbewerb geübt, hielt den Reifen über eine Stunde in der Luft und konnte sogar ein paar Schritte laufen. Zu meinem Entsetzen wurde der Wettbewerb aus dem Programm gestrichen, was die gesamte Partymeute kurz schmollen ließ. Vor allem Jenna traf es hart, nachdem sie gelangweilt an meiner Seite auf der Couch die Minuten gezählt hatte, in denen der Ring den Boden nicht berührte. Doch der DJ heizte uns ein, und aller Ärger war vergessen.

Ein Sommerhus in Dänemark

»Ich bin ja schon so aufgeregt, hoffentlich ist der Pool groß genug!«

Mein Vater lächelte.

»Und auf der Fähre möchte ich unbedingt ein Banana Split essen, okay?!«

Meine Mutter kam, mit zwei Koffern bepackt, ins Wohnzimmer.

»Aber erst wird etwas Ordentliches gegessen!«

Ich wusste, dass ich keine Chance gegen sie hatte, flitze in die Küche, schmierte mir eine Stulle mit Mettwurst und packe meine letzten Sachen ein. Mein Vater trug das Gepäck ins Auto – die Ente hatte längst einem Opel Kadett weichen müssen –, und ich hing ihm an den Fersen. Danny saß mit großen Augen neben mir und mauzte.

»Ich weiß, Danny, aber du darfst nicht mit. Papa bleibt aber bei dir, dann kannst du mit ihm kuscheln.«

Ich schnappte mir den Kater, legte ihn wie ein Baby in meinen Arm und knutschte ihn ab, bis er die Schnauze voll hatte. Er zappelte und wollte runter. Dann setzte ich mich ins Auto und schnallte mich an. Ich war startklar. Meine Mutter war noch in der Wohnung, mein Vater hievte Jule in den Kofferraum, und ich winkte meinem Kater zu.

Es dauerte eine Weile, bis wir alle im Wagen Platz genommen hatten, doch dann ging die Reise endlich los.

Wir fuhren durch die Dörfer bis nach List. Ich sah aus dem Fenster und beobachtete die Kühe und Schafe, die zwischen Keitum, Munkmarsch, Kampen und List auf ihren Weiden standen.

Auf der Wattseite vor List tummelten sich die aus Holz gebauten Seekühe in Küstennähe, während Ebbe und Flut ihnen die Füße wuschen. Die einst als Zielscheiben errichteten Holztiere, die zu Kriegszeiten Flugzeugstaffeln dazu dienten, den Bombenzielwurf zu trainieren, sorgen auch heute noch hin und wieder für Verwirrung bei den Urlaubern, weil ihnen nur zu gern erzählt wird, sie seien echt. Das Märchen hatte ich mittlerweile durchschaut – auch meine Eltern hatten mich als Kind so manches Mal an der Nase herumgeführt, damit ich nicht vor Langeweile im Auto jammerte. Die Lister Wanderdüne erstreckte sich unter kreisenden Möwen. Die Sandpracht schien dem Straßenrand näherzukommen, doch das Dünengewächs hielt seine Körnchen zusammen. Die letzte Wanderdüne Deutschlands, die unter strengem Naturschutz steht, wäre eine perfekte Rodelbahn gewesen, doch was verboten war, war eben verboten.

Wir reihten uns am Lister Hafen in die Schlange der Autos für die Fähre nach Dänemark ein.

Keine Spur von Frieda und ihren Eltern.

»Mama, ich kann die Fähre schon sehen. Was machen wir, wenn die anderen zu spät kommen?«

Meine Mutter lachte.

»Die kommen schon, keine Sorge!«

Sie behielt recht. Als die Fähre anlegte und die Autos aus Dänemark auf die Insel fuhren, reihte sich Frieda mit ihren Eltern brav hinten ein. Wie immer etwas knapp vor Abfahrt. Wir parkten unser Auto auf dem Deck. Die Fähre schaukelte mit den Wellen, und in meinem Bauch kribbelte es. Frieda kam lachend angerannt, und wir flitzen nach oben, um uns den besten Platz an der Fensterfront mit Panoramablick zu sichern. Die roten Polster der Bänke waren durchgesessen. Unsere Eltern folgten uns samt Jule und Lilo – Jules fluffige, kleine schwarze Hundefreundin –, und die Fähre löste sich aus dem Hafenbecken. Während eine Bedienung unsere Bestellung aufnahm, rannten wir durch die Gänge, wobei der Seegang uns gegen die Wände schubste. Als unser Banana Split an uns vorbeizog, flitzten wir ihm nach und nahmen bei unseren Eltern Platz. Reges Gerede erfüllte den Raum, und wir mümmelten das Eis aus der Schale und schleckten uns die Soße von den Fingern. Schokoladensoße klebte an Friedas Nasenspitze, und ich lachte. Frieda schleckte den Klecks mit ihrer Zunge ab.

Meine Augen weiteten sich.

»Wie hast du denn das gemacht?«, fragte ich.

Sie grinste zufrieden.

»Na, mit der Zunge abgeleckt.«

Ich sah auf meine Schale. Dieses Kunststück war nichts für mich und meine Nasenspitze. Eine halbe Banane schwamm im Eisrest.

»Mama, kannst du das auch?«

Alle lachten.

»Nein, das kann nur Frieda.«

Friedas Zahnlücke blitzte auf.

Ich zuckte mit den Schultern und widmete mich wieder dem leckeren Nachtisch. Der war Tradition für uns. Manchmal fuhren wir an einem warmen Sommertag mit der Fähre hin und zurück, saßen draußen auf dem Deck und hielten nach Seehunden Ausschau, oder wir besuchten das Sommerland auf Rømø. In dem Familienpark mit einer Bananenschaukel, einem riesigen Hüpfkissen und vielem mehr konnte man problemlos einen ganzen Tag verbringen.

»Schmeckt es euch?«, fragte Friedas Vater.

Unsere Münder waren so voll, dass wir nur nicken konnten. Nach dem Leckerbissen zog es uns mit unseren Müttern in den viel zu engen und viel zu kleinen Laden auf der Fähre, in dem es hauptsächlich Süßigkeiten gab, zumindest auf unserer Augenhöhe. Zollfrei zu erwerbende Zigaretten und Spirituosen füllten die Taschen der erwachsenen Passagiere, während unsere Einkaufskörbchen vor Lakritze und Weingummis überquollen.

Der lange Sandstrand Rømøs erstreckte sich vor unseren Augen, als wir die dänische Luft auf dem Außendeck schnupperten, bis eine Durchsage uns anwies, wieder in die Autos zu steigen. Die Strände der Insel waren anders als unsere. Der Sand war fest, und das Meer weit entfernt. Man durfte mit dem Auto darüberfahren, was mich beim ersten Mal sehr irritiert hatte. Die Fähre legte an, die Motoren heulten auf, und wir düsten durch das dänische Land.

Ich spielte mit Jule auf der Rückbank und kraulte ihr das Fell, bis wir auf dem Kiesparkplatz vor unserem Sommerhus hielten. Mitten im Wald, umgeben von Fichten, stand es einsam und verlassen da. Ein in die Jahre gekommenes Holzhaus, durch einen braunen Anstrich getarnt, mit hellen, bestickten Gardinen, die durch die Fenster blitzten. Frieda und ich sprangen aus den Autos.

»Ich möchte das größte Zimmer haben!«, schrie Frieda und rannte los.

»Nein, ich!«, rief ich ihr nach und stolperte fast.

»Ach, wir werden uns schon einigen«, rief sie mit einem Vorsprung von zehn Metern. Genervt blieb ich stehen, das Spielchen war mir zu blöd. Ich kramte meine Sachen aus dem Wagen und schlurfte den Koffer hinter mir her. Mein Vater schloss die Tür auf, und uns blieb der Atem stehen. Das Haus hatte fünf Schlafzimmer. Ich fühlte mich wie in einem Paradies aus Matratzen. Das erste Zimmer mit dem Hochbett wurde meins, Frieda suchte sich eins mit einem Doppelbett aus. Die Einrichtung war von modern weit entfernt, doch die dunklen Möbel strahlten Gemütlichkeit aus.

Dann klebten unsere Gesichter an der Glastür im Wohnzimmer.

»Wow, der Pool ist riesig! Ich möchte sofort rein!«, rief Frieda.

Ich drückte meine Nase platt.

»Hoffentlich kann ich da drin überhaupt stehen.«

»Ja, klar. Und wenn nicht, dann bringen wir dir endlich das Schwimmen bei.«

Ich stöhnte.

»Komm, wir fragen, ob wir reindürfen, ja?«

Frieda nickte, und wir stürmten zu unseren Eltern, die die Wagen entluden.

Meine Mutter suchte meinen Badeanzug heraus und reichte mir ein Handtuch. Als wir die Tür zum Poolbereich öffneten, kam uns eine feuchte, warme Wand aus Luft entgegen. Unsere Eltern zogen sich die Schuhe aus und prüften die Bedingungen. Es dauerte keine Sekunde, da platschte das Wasser dank Friedas Arschbombe gegen den Beckenrand. Ich zuckte und stieg vorsichtig über die Leiter in das aufgewirbelte Nass. Mein Vater pustete einen Schwimmreifen für mich auf. Auf den Zehenspitzen balancierend, behielt ich ein trockenes Kinn und wog mich in Sicherheit. Während die Erwachsenen uns durchs Fenster im Blick behielten, dampfte der Kaffee in ihren Tassen. Frieda tauchte wie eine Wassergöttin an mir vorbei, und ich stieß mich, mit dem Bauchring um die Schultern, von der Poolkante ab. Lilo und Jule musterten uns über die Sofalehne hinweg durch die Scheibe. Ihre Schnauzen hinterließen Flecken auf dem Glas. Unsere Väter blieben nur kurz bei uns. Die Kühe brüllten nach Papa, und auch Friedas Vater hatte auf Sylt zu tun, weswegen unser Urlaub ein reiner Frauenurlaub werden würde. Unsere Mütter, Frieda und ich samt Jule und Lilo. Ein starkes Gespann.

Das Land lockte viele Feriengäste aus dem norddeutschen Raum an. Ein Sommerhaus gehörte in jede Urlaubsplanung. Frieda und ich trumpften mit unseren Kenntnissen der dänischen Sprache auf und lotsten unsere Mütter zu den Sehenswürdigkeiten im Umland. Die Touren waren ausgelassen. Wir krähten *What's Up?* der 4 Non Blondes durch den Wagen und bauten uns Linda Perrys Hut aus unseren Pullis, bis unsere Mütter dem Spaß erlagen und mitsangen. Jule stieß leidiges Gejaule aus.

Angesichts der Tatsache, dass weit und breit kein anderes Haus in der Umgebung stand, überkamen unsere Mütter des Abends wiederkehrend frostige Schüttler, doch vor uns spielten sie die Unbesorgten. Wir schliefen nach dem abendlichen Wassergeplansche tief und fest, sodass uns die Dunkelheit des umliegenden Waldes nicht kümmerte. Die Hirngespinster hatten sich noch nicht eingenistet, da weder gruselige Krimis noch schaurige Geschichten geschaut oder vorgelesen wurden. Wir standen kurz vor der Grenze, hinter der die Glücksbärchis nicht mehr süß, sondern uncool waren. Hätte ich um die Konsequenzen des Fernsehens und seiner Krimis gewusst, wäre ich doch lieber bei den bunten Bärchen und Regina Regenbogen geblieben.

Eines Mittags lockten unsere Mütter uns zum Shoppen.

»Kommt, wir fahren einen Sitzsack für euch kaufen!«

Ich fiel meiner Mutter in die Arme.

»Oh super! So einen habe ich mir schon ewig gewünscht! Danke, Mama, ihr seid die Besten!«

Wir fuhren in ein Einkaufscenter und sahen Sachen, die wir von zu Hause nicht kannten und die unsere Herzen schneller schlagen ließen. Der Preis für die Sitzsäcke war die Geduld, die wir aufbringen mussten, während unsere Mütter Klamotten anprobierten.

»Kerin, juckt deine Haut wieder?« Frieda musterte mich. Sie spürte, wenn etwas nicht stimmte.

»Ja, meine Kniekehlen!«

Mit Tränen in den Augen kratzte ich mich wund, während unsere Mütter dem Kaufrausch erlagen.

»Ich habe eine Idee. Wir holen uns einen Einkaufswagen, und ich schieb dich, ja?«, sagte Frieda mit großen Augen.

»Oh ja!«, rief ich, und schon flitzten wir los.

Wackelig kletterte ich in einen der Einkaufswagen, und meine Freundin gab Gas. Sie rannte so wild mit mir durch die Gänge, dass ich mich fest an den Wagen klammern musste und dabei die juckende Haut vergaß. Die Leute sahen uns stirnrunzelnd an, und wir lachten laut auf, bis ein Ständer mit Dekoartikeln uns stoppte. Es krachte und polterte. Geburtstagskarten und lauter Klimbim flogen durch die Gegend. Alle Augen waren auf uns gerichtet.

»Los, Frieda, schnell weg!«, schrie ich.

Lachen lähmte ihre Kraft, doch dann legte sie den Rückwärtsgang ein und raste wie im fünften Gang davon, bis böse Blicke uns trafen. Da waren sie. Die Mütter.

»Das kann ja wohl nicht angehen! Hört auf mit dem Blödsinn!« Das zuckende Auge von Friedas Mutter ließ mir einen Schauer über den Rücken gleiten.

Mist. Erwischt. Wir senkten den Blick, ich kletterte aus dem Wagen, und wir schoben ihn wieder zu seinen Kumpels in die Reihe zurück. Doch dann öffnete sich die Welt der Sitzsäcke vor uns, und der Ärger wie der Juckreiz waren verschwunden. Jede bekam einen, und der Tag war perfekt.

Der Urlaub rauschte nur so an uns vorbei. Mit verschrumpelter Haut, jedoch voller Leichtigkeit kehrten wir nach den Pooltagen wieder heim.

Von Eichhörnchen und vom Abschiednehmen

Papa knallte mit den Fäusten auf den Tisch.

»Die Milchkühe müssen weg!«

Meine Großeltern schluckten. Die Küchenuhr tickte sich Sekunde um Sekunde durch das Schweigen.

»Es geht nicht mehr und jetzt ist der beste Zeitpunkt, um zu verkaufen. Die Preise werden immer schlechter.«

Die Kaffeemaschine zischte und dampfte. Die Plörre war fertig, und Papas Entschluss stand fest. Meine Mutter löste das Schweigen auf und fragte nach einer Tasse Kaffee, während sie aufstand und nach der Kanne griff. Papas Emotionen kühlten ab. Ich schrubbte mir Dreck von den Händen und nuckelte an meinem Saft, den ich nur bei Oma und Opa genießen durfte.

»Papa, werden die Kühe jetzt alle geschlachtet?«

Er schüttelte den Kopf.

»Nein, sie werden an einen anderen Bauern verkauft, der noch Kühe braucht. Die meisten zumindest.«

Ich schnappte mir Opas Pfeife und pulte mit dem spitzen Besteck den verbrannten Tabak heraus.

Meine Mutter streichelte mir über das blonde Haar, während sie die Tassen füllte.

»Und es kommen neue Kühe, das hatte ich dir doch versprochen.«

Ich konnte mir ein Leben ohne eigene Milch nicht vorstellen. Genauso wenig wie den Verzicht auf die Milchkammer und das

Säubern der Siebe, die in dem Bottich waren. Tjarve würde mich auch so weiterhin besuchen kommen, aber die Nachbarn müssten sich umschauen. Der Milchwagen würde noch ein paar Male auf das Grundstück fahren und die letzten Liter zapfen, bevor man die Anlage stilllegen würde.

Ich kratzte den Rand von Opas Pfeife sauber.

»Und was sind das für Kühe?«

Papa stand auf und streckte sich.

»Angus. Wir werden die ersten sein, die auf Sylt Anguskühe züchten. Eine Fleischrinderrasse.«

»Das finde ich gut. Ein Leben ohne Kühe wäre doch total doof.«

Meine Oma grinste.

»Da hast du recht, Kerin. Kühe gehören hier her.«

»Und Silo werden wir doch auch noch fahren, oder?«, fragte ich.

Meine Eltern stöhnten im Gleichtakt.

»Ja, das werden wir.«

Für die Silage wurden die Felder raspelkurz gehäckselt, und das Gras wurde in Schichten aus frischem Grün zu einem länglichen Berg aufgehäuft. Der Trecker musste etliche Male drüberfahren, und zum Schluss wurde alles mit einer Plane, die von alten Autoreifen stabilisiert wurde, abgedeckt. Unter ihr bildeten Enzyme eine reichhaltige Tiernahrung. Ich liebte das.

Onkel Albert trat ein.

»Hallo, Kerin, möchtest du mit uns in das Südwäldchen fahren? Vielleicht sehen wir die Eichhörnchen.«

Meine Eltern nickten, bevor ich fragen musste. Schnell stopfte ich die Pfeife von Opa mit frischem Tabak und sah ihm zu, wie er das Streichholz anzündete und immer wieder kräftig durch das Mundstück zog, bis es zu glühen begann. Es duftete, und er lehnte sich zufrieden zurück.

Ich hüpfte vom Stuhl und trällerte nach draußen.

Tante Hella wartete am Auto und legte eine Decke auf den Rücksitz.

»Du hast so viele Tierhaare an deiner Hose, so kannst du nicht ins Auto.«

Ich verdrehte die Augen. Bei uns war alles voll mit Tierhaaren, mich störte es nicht.

Schon als kleines Kind hatten die Waldbesuche mich jegliches Tränchen vergessen lassen. Auch wenn ich langsam auf die Pubertät zusteuerte und mich bereits heimlich für Jungs interessierte, liebte ich diesen Ausflug.

Hella zog den Sicherheitsgurt fest, und es ging los.

»Hoffentlich werden die Enten nicht wieder mit so viel Brot gefüttert«, sagte ich nach vorn.

Onkel Albert sah in den Rückspiegel. Seine buschigen Augenbrauen rahmten die treuen Augen.

»Warum denn nicht, Kerin? Das haben wir doch auch schon gemacht.«

Ich zog mein Kinn vor und kniff die Lippen zusammen.

»Ich weiß. Aber das ist total ungesund. Brot wächst ja schließlich nicht auf den Bäumen.«

Tante Hella drehte sich um.

»Na, dann ist es ja gut, dass wir nur Nüsse mithaben.«

Das Waldstück in Westerland war wie alle weiteren Waldstücke durch gezielte Aufforstung und Anpflanzung entstanden. Ursprünglich war die Insel fast baumlos gewesen.

Wir parkten das Auto am Straßenrand, und das Waldstück lockte uns mit Geraschel. Die Sonne schien spärlich durch die Baumkronen, die Vögel zwitscherten im Takt der Melodie des Windes, und das Wispern der Blätter untermalte den Gesang. Tante Hella knackte die

Erdnüsse und legte sie mir in die Hand. Wir liefen ein Stück Richtung Ententeich und kreuzten einen Spielplatz. Leise huschte es von den Baumkronen. Mit wachsamem Blick schlenderten wir zwischen den Nadelbäumen her. Bänke luden zum Pausieren ein, doch es war menschenleer. Leises Schnattern ertönte vom Teich.

»Hier sind bestimmt die meisten Vögel, ich höre sie alle«, sagte ich, legte eine Nuss auf meine Hand und hielt sie flach in die Luft. Mein Puls stieg. Onkel Albert und Tante Hella lehnten sich mit ausreichend Abstand zu mir an einen Holzzaun. Angewurzelt wie die Bäume versuchte ich, stillzuhalten. Vögel schwirrten an mir vorbei. Ich hielt den Atem an. Meine Hand kribbelte, doch dann flog eine Kohlmeise auf mich zu und setzte sich auf meine Finger. Ihr schwarzes Häubchen war frisch geputzt, und die gelbe Brust plusterte sich auf. Ihre Krallen hielten an mir fest, während die Nuss in Ihrem Schnabel verschwand und sie davonflog.

Onkel Alberts und Hellas Bäckchen glänzten wie glasierte Berliner.

»Ich glaube, ich leg ihm noch welche hin, und füttere jetzt die Eichhörnchen.«

Wir ließen uns ein Stückchen durch den Wald treiben, bis eins der Nagetiere vor meiner Nase zwischen den Ästen balancierte. Ein Lächeln huschte über mein Gesicht. Ich hockte mich hin, legte gleich zwei Nüsse auf die Hand und wartete ab. Mit Zirpgeräuschen hockte ich auf dem Boden, und es dauerte nicht lange, bis das Hörnchen sich mir schwungvoll, aber verhalten näherte. Als es sich auf die Hinterpfoten setzte und beide Nüsse vernaschte, konnte ich mich nur schwerlich bremsen, das Tier an mich zu reißen und es zu kuscheln. Seine braunen Knopfaugen sahen zufrieden aus, es schien völlig unbeschwert. Seine Pausbäckchen füllten sich mit

Nuss, und feine Härchen spitzten sich über seinen Öhrchen. Leises Nagen fand mein Gehör.

Tante Hella, ausgestattet mit geknackten Nüssen, streichelte mir die Wange und füllte mir die Hosentaschen. Das Eichhörnchen fraß genüsslich alle auf. Wir beobachteten es noch eine Weile still und machten uns schließlich zufrieden auf den Weg nach Hause.

Als ich heimkam, saßen Opa Gogge und Papa, mit Blick Richtung Westen, unseren Stall und die Weite der Felder vor sich, hinter dem Hof in der Sonne. Kater Danny lag neben ihnen und ließ sich den Bauch kraulen. Papas Stimme hörte man von Weitem, während Opa nur nickte.

Onkel Albert gesellte sich zu ihnen, lehnte sich nach hinten, verschränkte die Arme und gähnte. Ich erzählte hüpfend von meinen Erlebnissen mit dem Eichhörnchen, bis ich nach Luft japste, drückte meinem Kater einen Kuss auf den Kopf und kletterte am Anhänger hoch. Die Stimme meines Vaters klang wie Musik in meinen Ohren. Ich flötete durch meine Lippen, bis Onkel Jeppes Geschimpfe die Leichtigkeit des Augenblicks durchbrach. Er trottete in seinen gelben Gummistiefeln die Einfahrt hinauf, und sein Gesicht glühte. Er grummelte auf Sölring in den Bart, doch keiner verstand ein Wort. Ich sprang vom Reifen, eilte zu meinem Vater und lehnte mich an seine Schulter.

Onkel Jeppe fuchtelte mit den Händen.

Papa kniff seine Augen zusammen.

»Jeppe, was ist los?«

Er rümpft die Nase und wurde laut.

»Fordoori jit jens! Ich glaub, ich spinne, da rennt so ein bescheuerter Köter den Viechern hinterher. Um ein Haar ...«

Meine Mutter kam schallend lachend um die Ecke.

Opa zog gelassen an seiner Pfeife, und der Qualm zog ins Land.

»Nu hör doch auf!«, brummte er.

»Um ein Haar hätte ich sie alle erschossen!«

Onkel Jeppes Bart wehte im Wind. Sein zotteliges Haar wirbelte wie eine Herde aufgescheuchte Hühner um seine Ohren.

Meine Mutter lachte Tränen. Onkel Jeppe regte sich gern auf und war dabei oft unfreiwillig komisch.

»Was ist denn passiert?«, fragte mein Vater.

»Da gehe ich nach draußen und frage mich, warum die Kühe so brüllen, und was sehe ich? So eine kleine blöde Töle, ein Hackenbeißer, rennt zwischen den Rindern und scheucht sie alle auf.«

Meines Vaters Blick wurde fest.

Onkel Jeppes Worte überschlugen sich.

»Und dann stehen diese blöden Gäste nebenan am Zaun und gucken auch noch zu. Die Tiere waren kurz vorm Herzschlag!«

Mein Vater strafte meine immer noch gackernde Mutter mit einem Blick, und sie beruhigte sich.

»Und was hast du gemacht?«, fragte er.

»Na, ich habe denen gesagt, sie sollen den Scheißdackel von der Fenne holen, aber sie wollten ja nicht hören. Da ist mir der Kragen geplatzt.«

Alle klebten an seinen Lippen. Ein zufriedenes Grinsen zog sich durch sein eben noch wütendes Gesicht.

»Ja, und weiter?«, wollte Papa wissen. Eine Kuh brüllte im Hintergrund.

»Dann hat Hulda mein Luftgewehr geholt, und ich habe gezielt.«

Meine Mutter prustete erneut los. Opa brummte etwas Unverständliches, und ich riss die Augen auf.

Tante Hulda hatte gehorcht und das Teil vor den Augen der Touristen, die kreidebleich am Gartenzaun standen, geladen. Onkel Jeppe lachte triumphierend.

»Ihr hättet mal sehen sollen, wie sie über den Zaun gesprungen sind, um die Töle einzufangen. Während sie liefen, verfolgte ich sie mit geladener Waffe und zählte laut, bis sie ihren Fiffi hatten.«

Mein Vater rang vor Lachen nach Luft. Opas Mundwinkel zuckten kurz.

Meine Kinnlade hing fast bis zum Boden.

»Du wolltest den Hund erschießen?«

Das Gelächter wurde lauter, selbst Opa gluckste etwas.

»Nein, Kerin, aber die Tiere waren kurz vorm Herzschlag, trächtige Kühe. Ich musste den Touristen doch klarmachen, dass das nicht geht, und zeigen, wer hier das Sagen hat.«

Ich atmete auf.

»Und wisst ihr, was das Beste ist?«, sagte Jeppe und streckte sich zufrieden. »Die Koffer wurden sofort gepackt, und weg sind sie.«

Er lachte, und das Grämen verschwand.

Die Sonne ging unter.

Danny folgte mir, als ich mich bettfertig machte. Ich wäre viel lieber noch draußen geblieben, die Stimmung war ausgelassen, doch Bettzeit war nun mal Bettzeit. Ich drückte Danny an meine Brust und nieste. Zu meiner Neurodermitis hatten sich Allergien gesellt. Natürlich gegen sämtliche Tierhaare und Stroh. Heuschnupfen auf dem Bauernhof – wer hätte das für möglich gehalten?

Alles, was um mich herumflog, löste Niesen oder Juckreiz aus, ebenso mein geliebter Kater. Doch ich konnte nicht anders, als ihn zu streicheln und bei mir zu lassen. Nur wenn meine Finger aufzuplatzen drohten, dann wusch ich mir schnell die Hände und hielt notgedrungen ein wenig Abstand. Ich hatte ihm wiederholt gesagt, dass er trotzdem mein Liebling sei, und ging natürlich davon aus, dass er mich verstand. Meine Eltern glichen das Streicheldefizit in den Abendstunden aus, bevor er zur Nachtzeit vor die Tür gesetzt wurde.

Dass zur Heuzeit meine Augen brannten und die Nase triefte, erlaubte mir die eine oder andere Fernsehstunde auf der Couch, während ich gegen die Schläfrigkeit, die das Antiallergikum verursachte, kämpfte.

Den schwarz-weißen Milchkühen hingen die Grasbüschel aus den Mäulern, und sie kauten sich in ihre Zufriedenheit. Mit vollen Eutern standen sie am Zaundurchgang, bereit, uns ihre letzten Milchtropfen zu spenden, schleckten sich über die rosafarbenen Nasenlöcher und sahen meinem Vater bei der Arbeit zu. Kälber tollten neben ihren Müttern her.

Papas Haut war fahl, die Augen erschöpft. Sein Herz war schwer. Zu viele Jahre hatte er seine Rinder betreut, doch obwohl seine Entscheidung, sich von den Tieren zu trennen, bereits gefallen war und für Entlastung sorgen sollte, nagte der Abschied an ihm.

Als der Tag des Abtransports gekommen war und die Türen des Transporters hinter den Hufen geschlossen wurden, schmerzte jedem in unserer Familie das Herz. Der Stall wurde gereinigt, die Milchkammer gesäubert, und die Utensilien verkauft. Ich weinte vereinzelte Tränen, meine Neurodermitis blühte in meinem Gesicht, und der Juckreiz breitete sich wie Zorn in mir aus, bis meine Tabletten ihn beruhigten. Papa steckte es deutlich besser weg, die ruhigen Morgen taten ihm schnell gut und weckten die Lust auf

Unternehmungen. Als er mir eines Tages erzählte, dass die Angusrinder bald zu uns kommen würden, brannte eine kleine neue Flamme der Freude in mir auf. Ich sah mich bereits die Kühe durch die Straßen treiben, hoffentlich ohne wild gewordenen Bullen. Ein Freund meines Großvaters konnte sich einst gerade noch auf einen Trecker retten, bevor die Hörner eines Bullen ihn durch die Fenne schleuderten. Das war mir Lektion genug, um respektvollen Abstand zu ihnen zu halten. Beim Kühetreiben bildete ich meist das Schlusslicht mit meiner Mutter, während andere Dorfbewohner oder Freunde der Familie das wilde Treiben anführten oder Einfahrten mit akrobatisch aussehenden Bewegungen blockierten. Von dem Erlebnis beglückt, klopften sie den Rindern auf den Rücken – schöner als jeder Vergnügungspark.

Die »Neuen« reisten schließlich an. Vier stattliche Kühe, ganz in Schwarz gekleidet, streckten ihre Köpfe aus dem Anhänger. Ich stand stockwedelnd in der Einfahrt und rief »Ksch, ksch, ksch, ksch«, während sich keine Kuh für mich interessierte. Sie fanden ihren Weg und stapften gemütlich voran, bis sie auf den salzigen Wiesen ihren Platz einnahmen und von ihrer neuen Umgebung kosteten. Angusrinder waren teuer, weswegen die Zucht in einem kleinen Maßstab begann. Es kehrte etwas Frieden ein, und mein Vater schlief sich aus, endlich. Die neue Freiheit brachte gemeinsame Zeit und den ersten Familienurlaub mit sich. Endlich war ich mit Mama und Papa unterwegs, endlich waren wir zusammen.

Fünf Sylter in den Bergen

Der Tag roch nach Urlaub, und ich konnte meine Freude kaum an mich halten. Oma Mutti und Opa Hans verbrachten seit Jahren einige Wochen im Sommer in Bischofswiesen im Berchtesgadener Land, und so sollte auch mein erster Familienausflug mit Mama und Papa mich ins schöne Oberbayern führen. Eine weite Reise stand uns bevor, die wir mit dem Zug antraten.

Hippelig stand ich am Hamburger Bahnhof Altona und betrachtete den sehr langen Zug, der zur Abfahrt gen Süden bereitstand.

Der Zug öffnete seine Pforten. Ich schlich verwirrt durch die Gänge, bis Papa die Tür unseres Abteils öffnete.

»Kerin, du schläfst oben!«

Der Schaffner pfiff, und der Zug begann zu schaukeln. Die Stadt verschwand. Die Lichter waren gedimmt, der Mond lugte durch die Wolken und schien durch das Fenster.

»Ich soll mich da jetzt wirklich hinlegen?«

Der enge Raum mit den ranzigen Kojen sah zum Wegrennen aus, doch meine Augen waren schon ziemlich schwer.

Meine Mutter breitete die Laken aus und reichte mir den Schlafsack. Sie verzog das Gesicht. Ich hatte ganz genau gehört, wie sie sich zuvor darüber mokiert hatte, wer wohl alles bereits auf den Matratzen gelegen hatte.

»Komm schon, Kerin. Das ist ein Nachtzug, hier schlafen alle. Wir liegen in Reichweite, keine Sorge.«

Ich gehorchte, und ehe ich mich versah, ruckelte der Zug mich in einen erholsamen, seligen Schlaf.

Meine Mutter weckte mich unsanft aus der Tiefe meiner Träume. Kaum hatte ich meine Augen geöffnet, standen meine Eltern mit gepackten Koffern vor mir. Tageslicht drang durch die Vorhänge.

Papa lächelte.

»Wir sind da, mein Küke, steh auf!«

Ich rieb mir die Müdigkeit aus den Augen und stieß mir den Kopf an der Decke. Ich hatte die Stunden einfach verschlafen.

»Aua!«, schimpfte ich, und mein Vater streckte mir die Arme entgegen. Ich zog mich schnell an. Während meine Mutter mir meine Sachen unter die Arme stopfte, ging mein Vater voran. Ich folgte ihm zügig, aus Angst, unsere Station zu verpassen.

Und plötzlich sah ich die Berge. Mit Schnee bedeckt, glänzten ihre Gipfel in der Sonne, mitten im Sommer. Der Zug bremste. Oma Mutti und Opa Hans, die uns mit Stofftaschentüchern wedelnd und einem jauchzenden »Juhuuu« begrüßten, wackelten über den Bahnsteig und lachten lauthals.

Wir Sylter Flachlandeier waren angekommen. Von der Küste weit entfernt, brachten meine Großeltern uns nach Bischofswiesen. Kein Meer in Sicht, dafür eingesäumt von prächtigen Bergspitzen, die wie Zipfelmützen in den Himmel ragten, atmeten wir eine reine, für uns ganz neue Luft ein. Satt setzte sie sich in unsere Lungen, geküsst von feinstem Blumenduft und Gletschereis.

Wir bezogen eine Ferienwohnung mit Außenpool. Alle verzweifelten an meinem Nichtschwimmerdasein, aber der Urlaub war der schönste, den ich mir mit meinen knapp zwölf Jahren hatte vorstellen können. Endlich war ich mit meinen Eltern weg von zu Hause. Mein »Moin« konnte ich mir hier sparen, jeder dachte, ich würde ihm einen guten Morgen wünschen, doch dass alle fröhlich wandernd von mir verlangten, Gott zu grüßen, fand ich komisch.

»Mama, warum sagen die das zur Begrüßung? Können die Gott nicht selber grüßen, ein Hallo würde es doch auch tun?«

Meine Mutter stöhnte auf, also verkniff ich mir mein »Hallo, Gott« gen Himmel, wenn Menschen unseren Weg kreuzten, bevor sie mir einen Spruch über die Pubertät in die Ohrmuscheln pfiff.

Während die Erwachsenen sich mit bayrischem Bier erfrischten, zapfte ich das klarste und kühlste Quellwasser aus den Brunnen, die idyllisch an den Wanderwegen standen.

Kühe schunkelten mit den Glocken, die um ihre Hälse hingen, lagen ungeniert am Wegesrand und ließen sich den Kopf von mir kraulen. Rote und rosafarbende Geranien und Begonien in Gelborange sprossen aus den Blumenkästen, die in den Fensterläden hingen. Von den Holzbalkonen kroch der Geruch von deftiger Küche. Die Kirchentürme läuteten ihre Glocken, während der Sommer die Felder leuchten ließ.

Oma Muttis Lächeln meißelte sich in ihr Gesicht. Ihre Wangen hätten vor Muskelkater schmerzen müssen, doch sie strahlte sich durch den gesamten Urlaub.

Die Tage ergossen sich mit wohliger Wärme über uns.

Das Salzbergwerk Berchtesgaden, das älteste aktive Salzbergwerk Deutschlands, bot uns eines Mittags ein kühles Plätzchen mit Abenteuer satt. Eingekleidet in traditionelle Bergmannskluft bestehend aus schwarzer Hose, weißer Jacke und Kappe, fuhren wir mit einer Grubenbahn in das Werk hinein. Mein Herz pochte sich während der Fahrt durch die schmalen Tunnel, während meine Mutter sich fest an meinen Vater klammerte. Fahrstuhl, Treppen und Bergmannsrutschen aus Holz brachten uns in die Tiefe bis zu einem Salzsee, dem Spiegelsee, der 130 Meter unterhalb der Tagesoberfläche lag. Ein Floß brachte uns über den hundert Meter langen und vierzig Meter breiten See, dessen Salzgehalt von dreißig Prozent fast dem des Toten Meeres entsprach. Auf dem Floß kehrte Stille ein. Ich staunte über diese unwirklich anmutende unterirdische Kraterlandschaft. Glitzernde Salzkristalle spiegelten sich im Wasser wie eine Welt voller Schneekugeln. Unauffällig leckte ich an meinem Zeigefinger und zog ihn über die Wände, um das Salz zu kosten.

Das Licht blendete, als wir die Oberfläche wieder erreichten.

Abends saßen wir auf der Terrasse unserer Ferienwohnung, mit Blick auf den Watzmann, einem der größten Berge Deutschlands. Opa Hans erzählte mir von der Sage um den bösen König Watzmann, der einst über das Land hier geherrscht hatte und von Gott zur Strafe für seine Grausamkeiten und Boshaftigkeit mitsamt seiner Frau und seinen Kindern verflucht und in Stein verwandelt wurde. Meine Fantasie reichte aus, um in der imposanten Felsformation eindeutig König Watzmann mit seiner Frau und den Kindern in seinem Arm auszumachen, wie er auf uns hinabblickte, als wolle er sein Land bewachen.

Mein Vater entspannte sich zusehends, er war fröhlich wie lange nicht. Wir unternahmen ausgiebige Wanderungen und erfreuten uns an der Aussicht aus der Höhe wie auch an dem spiegelglatten Königssee, dessen Panorama atemberaubend war. Wir lachten und genossen die herrliche gemeinsame Familienzeit, planschten im Pool, neckten uns und lebten in den Tag hinein.

Nach einer Woche glücklicher Familienzeit verließen wir den südlichsten Zipfel des Landes, um wieder am nördlichsten anzukommen. Zurück nach Sylt. Das Herz gefüllt von schönen Momenten, illustriert von den schönsten Urlaubsbildern, die sich uns ins Gedächtnis brannten.

Doch das Wichtigste waren wir. Mama, Papa und ich. Wir drei zusammen. Sylt empfing uns mit strahlender Sonne, kaum heller als unser Lächeln, und wir konnten uns prächtig erholt auf die neue Zeit einlassen. Alles schien perfekt.

Ungebetenes Schicksal

In jedes Leben brechen Veränderungen ein, ohne Terminabsprache oder Rückfrage. Manches Mal lassen sie einen jubelnd an die Decke springen, manches Mal in Tränen ausbrechen, völlig ausgeliefert steht man seinem Schicksal gegenüber. Mehr als die Hände in die Hosentaschen stecken und das Schicksal willkommen heißen bleibt einem oftmals nicht übrig. Und dann bricht es über einen herein. Erst danach werden die Ärmel hochgekrempelt, die Koffer mit den Lasten ausgepackt oder die Steine aus dem Weg geräumt, falls einem nicht zum Jauchzen ist.

Es ist wie mit den Türen, die sich schließen und öffnen. Nur so werden wir zu dem, was wir sind. Die Wege, die wir einschlagen, entwickeln sich bestenfalls zu etwas Gutem. Veränderung eben. Kein Stillstand. Es muss ja auch nichts Schlimmes passieren. Eine neue Wohnung, ein neuer Job, oft sind Veränderungen gewollt und befreien von etwas Schlechterem.

Doch die Veränderung damals wendete unser aller Leben komplett. An ihr war nichts Positives zu sehen. Das Schicksal überrollte uns und stach uns in die Herzen.

Mein Vater verstarb. Viel zu früh. Viel zu jung. Der Schlaganfall, der ihn das Leben kostete, zerstörte unsere Familie und hinterließ gebrochene Herzen. Die Familie legte sich in einen Schleier aus Wut und Trauer, eine kreischende Dunkelheit, die alle in sich verschlang.

Die Welt wurde leer.

Sie wurde taub.

Meine Mutter und ich verschwanden in einem Loch. Unsere Körper blieben zurück.

Blass. Stumm. Gebrochen.

Es folgte ein Nichts.

Das Licht ging aus.

Wie mit einem Beil im Herzen, welches sich bei jedem Schritt tiefer bohrte, schmerzte uns der Verlust kaputt. Unweigerlich stach es immer wieder zu, in jedem von uns.

Opa Gogge erlag nach zwei Jahren harten Kampfes dem Schmerz, er überlebte seine Trauer nicht. Sein Herz blieb einfach stehen, und er folgte seinem Sohn.

Das Schicksal zerstörte mein Heim, mein Zuhause, mein Leben. Für immer.

Teil 2

SYLT ODER DIE WEITE WELT?

Die Jahre legten sich über die Insel und verhalfen jungen Menschen wie Frieda und mir durch die aufbrausende Jugend. Zwischen Freud und Leid, Begegnungen, die sich für immer im Herzen verankern sollten, und dem Drang nach neuen Erlebnissen lernten wir, all unsere Wege zu bestreiten, und reiften auf ihnen.

Sylt machte unaufhaltsam Schlagzeilen. Zwischen den Jahreszeiten kämpften sich die Sylter durch den Dschungel aus Armut, Mittelstand und Reichtum, die erholsameren Wintermonate und die lebhaften Sommerzeiten. Die Silhouette der Insel zierte ein jedes Autoheck der Liebhaber und Genießer, und die Sylter Hotspots fanden ihr Ansehen in der Presse. Touristen verschafften unzähligen Menschen Jobs und verhalfen kleinen Unternehmen zu einem guten Start. Fischbrötchen wurden verschlungen, und die Möwen gefüttert. Die Strandbesucher züchteten somit eine wahre Möwenplage an Land.

Das Verschwinden des Mannes der Bürgermeisterin von Westerland sorgte für großes Aufsehen. Ein leeres Auto und Schussspuren in einem Straßenschild bei Hannover ließen ein Verbrechen vermuten, doch ein Jahr später spürte man den untergetauchten Mann wohlbehalten in einer anderen Stadt wieder auf. 1998 öffnete die Sylter Tafel erstmalig ihre Tore für Menschen, denen das nötige Kleingeld für Lebensmittel und Gesellschaft fehlte.

Ausgelassen feierten die Menschen das Millennium an der Westerländer Promenade. Berauscht vom Sekt und der Nordsee, glitt Sylt in das neue Jahrtausend, wohlwissend, dass der Klimawandel noch einiges für die Insel bereithalten würde. Der Lister Hafen wurde aufwendig umgestaltet, Gemeinden fusionierten, und das Keitumer Schwimmbad schloss seine Tore, um fortan vor sich hin zu bröckeln.

Ich erlernte das Schwimmen plötzlich wie von selbst und schwamm mich frei. Frei von dem Verlust meines Vaters, frei von den Fängen der Insel und frei von einem Hof ohne Kuh und Schaf.

Der Neuanfang

»Ich trenne mich von dir, es tut mir leid!«

Preben, mein damaliger Freund, sah mich mit leerem Blick an.

»Ist das jetzt dein Ernst, Kerin?«

Ich saß aufrecht und mit fester Miene vor ihm. Die letzten Jahre, die er mich begleitet hatte, hatten ausgedient. Ich hatte Preben kurz nach meiner Volljährigkeit beim Tanzen kennengelernt, mich verliebt und war mit ihm zusammengezogen. Wir führten eine Beziehung voller Spaß und mit wenig Streit, doch die Gefühle ebbten ab, und eine Veränderung war dringend nötig. Ein akuter Inselkoller presste mich zudem aus der Enge meiner Insel. Für mich war klar, dass Preben kein Teil meiner Reise werden sollte.

»Ja. Bleib ruhig hier wohnen, bis du etwas anderes hast. Aber ich gehe.«

Wir lebten in meinem Elternhaus, auf dem alten Hof ohne Tiere, in einer separaten Wohnung neben meiner Mutter.

»Und wo gehst du hin?«

Ich atmete aus. Endlich bekam ich Luft.

»Ich ziehe nach Hamburg. Ich bin erst Anfang zwanzig, ich möchte einfach mehr vom Leben.«

Er neigte den Kopf.

»Und warum nimmst du mich nicht mit?«

Er wusste die Antwort, ich schwieg.

So saßen wir da, schweigend, die Blicke voneinander abgewendet, bis er durch die Tür verschwand.

Ich stand auf, zog mir meine Strickjacke zurecht, band mir einen Zopf und klopfte an meiner einstigen Haustür, um meiner

Mutter die Nachricht zu unterbreiten. Ihre Mundwinkel hingen nach unten, die Vergangenheit hatte ihre Spuren hinterlassen.

»Und was möchtest du in Hamburg machen?«

Ich zuckte mit den Schultern.

»Na ja, ich suche mir erst mal ein WG-Zimmer und dann einen Job. Irgendwohin wird es mich schon ziehen.«

Sie nickte.

»Na gut, dann bin ich ja mal gespannt.«

Ihre Augen leuchteten auf, und sie lächelte.

Ich hatte nach dem Realschulabschluss eine Ausbildung als sozialpädagogische Assistentin absolviert und anschließend eine Anstellung als Kindermädchen in einem Privathaushalt gefunden. Ein Job, der mir viel Freude bereitete. Das Mädchen brachte jedes Herz zum Schmelzen. Ihre Mutter jedoch – meine Chefin – inspirierte mich. Eine erfolgreiche Frau, die mitten im Leben stand, das wollte ich auch. Je länger ich in dieser Familie tätig war, umso stärker wuchs in mir das Verlangen, mehr zu erreichen. Nach einer entsprechenden Weiterbildung eröffnete ich zusätzlich ein kleines Studio für Wellnessmassagen, mit Oma Matche als Wachhund vor dem Fenster, doch das sollte nur ein Reinschnuppern werden. Die Postkarte, die ich von Frau Richter, einer Nachbarin, zur Eröffnung erhielt, gab mir den entscheidenden Ansporn. Auf der Vorderseite der Karte mit den liebevollen Zeilen war eine Frau auf einer Leiter abgebildet, darunter der Schriftzug: »Eine Frau will nach oben«. Ich pinnte sie an die Wand über meinem Schreibtisch, um mir immer wieder bewusst zu machen, was ich könnte, wenn ich nur wagte.

Sylt hatte sich mit den Jahren verändert. Frieda und ich verloren uns in unserer Jugend, mit all ihren Höhen und Tiefen. Wir liebten, wir lachten, wir weinten, machten Fehler und lernten aus ihnen. Frieda war mal mehr, aber auch manches Mal weniger an meiner Seite, doch ihre Treue zu mir konnte selbst ein neuer Freundeskreis nicht brechen. Sie wohnte mittlerweile in Westerland, besuchte unser Dorf aber fast täglich. Wir litten gemeinsam unter Liebeskummer, wir erzählten uns die wildesten Geheimnisse und Wünsche, wir feierten ausgelassene Strandkorbpartys nahe der Westerländer Promenade und tanzten durch die Nächte. Wir machten den Führerschein, bekamen unser erstes Auto und fühlten uns unabhängig und frei.

Die Jugend auf Sylt muss sich irgendwie zu beschäftigen wissen, viele Möglichkeiten für den Erkundungstrieb gibt es nicht. Meine Mutter ließ mich meine Erfahrungen sammeln, bot mir ihre Schulter, wenn ich sie benötigte, und hielt sich die Hand vors Gesicht, wenn ich des Morgens mit einem Piercing unter der Lippe erwachte.

Der Verlust nagte nach wie vor an uns. Immer wenn ich meiner Mutter in die Augen sah, sah ich Papa in ihr.

Tjarve war aus unserer Straße verschwunden, und Jenna wie auch Runa hatten nicht nur die Insel, sondern das Land verlassen, um mehr in ihrem Leben zu erreichen. Die beruflichen Perspektiven auf Sylt begrenzten sich auf sämtliche Dienstleistungsbranchen. Das Freizeitangebot war spärlich, vor allem in der kalten Jahreszeit.

Als ich Frieda bei einem Tee in einem kleinen Café in Westerland von meinem Entschluss erzählte, fiel ihre Kinnlade fast in die Tasse.

»Aber warum? Es ist doch so schön hier! In einer Stadt ist es viel zu gefährlich, Kerin. Das kannst du doch nicht machen!«, rief sie aufgebracht. Die Gäste sahen sich nach uns um, ich errötete.

»Doch, das kann ich. Und zwar schon bald. Nächste Woche gucke ich mir in Hamburg ein paar Zimmer an. Kommst du mit?«

Friedas Lippen zogen eine schmale Linie. Sie hasste es, dass ich Neuigkeiten lange für mich behielt, aus allem ein Geheimnis machte und mein Gegenüber dann vor vollendete Tatsachen stellte. Ich hingegen erfreute mich an den überraschten Gesichtern.

Sie warf ihre langen Locken nach hinten und bohrte mit der Gabel in ihrer Zahnlücke. Dann holte sie tief aus und hielt mir eine Standpauke über die Konsequenzen, die das Stadtleben unweigerlich für mich haben würde. Sie redete sich um den Verstand.

»Du kennst da keinen. Niemand! Und keiner kennte dich! Da bist du eine von vielen, und falls dir was passiert, bekommt keiner etwas mit. Es ist gefährlich, da passieren die schlimmsten Sachen!«

Frieda war gänzlich zufrieden mit ihrem Leben, was ich bewunderte. Mit ihrer Familie und Freunden in der Nähe, ihrem Bürojob und den kleinen Aktivitäten an der Seite ihres Partners, der neben seinem Beruf die Feuerwehr unterstützte, war sie in der Gemeinschaft tief verankert. Mit ihrem Lächeln und den langen Wimpern begeisterte sie jeden. Stets freundlich und für einen Plausch zu haben.

Die Vorstellung, einfach eine von vielen zu sein, bereitete mir eine freudige Gänsehaut. Etwas Anonymität gefiel mir.

»Frieda, jetzt scheuch nicht alle bösen Geister auf! Der Umzug nach Hamburg hat doch auch so viel Positives. Von dort aus kann ich reisen, mir andere Länder anschauen, es gibt so viel zu unternehmen, und beruflich habe ich deutlich bessere Möglichkeiten.«

Sie verschränkte die Arme.

»Immer dieses mehr, mehr, mehr. Ich verstehe das nicht. Es ist doch alles gut, so wie es ist.«

Sie wusste, dass sie mich nicht würde umstimmen können. Wir kannten uns zu gut.

»Okay, Kerin.« Frieda setzte sich ruckartig auf. »Aber nur für zwei Jahre, dann kommst du zurück, versprochen?!«

Ich prustete so laut los, dass ich mit ein paar Spritzern Grüntee den Tisch sprengte. Zwei ältere Damen am Nebentisch und ihr Pekinese schauten pikiert zu uns rüber.

»Nein, ganz bestimmt nicht! Ich bleibe so lange, wie ich möchte.«

Um uns herum klapperte Geschirr. Der Kellner war über den Pekinesen gestolpert.

Frieda wurde ernst, was selten genug vorkam. Sie zog die Augenbrauen hoch und hob mahnend den Zeigefinger.

»Nein, nur zwei Jahre, Kerin!«

Dann stand sie auf, bat um die Rechnung und ließ mich nicht mehr zu Wort kommen.

Das Licht blendete uns durch die Fensterfront, als wir das Café verließen. Frieda schwieg, die Nachricht musste erst sacken. Wir umarmten uns zum Abschied und ließen es für den Tag gut sein. Ich war froh, dass jetzt alle von meinen Plänen wussten, und packte in Gedanken meinen Koffer, während ich auf der Strandstraße, einer Parallelstraße zur berühmten Einkaufsmeile Friedrichstraße, vorbei an Cafés und Boutiquen schlenderte.

Hamburg. Ja, ich war bereit.

Ein paar Tage später kutschierte uns der Personenzug über den Hindenburgdamm. Frieda lehnte den Kopf an das Fenster.

»Ihhh«, neckte ich sie, »mach das nicht. Guck mal, wie speckig die Scheibe ist. Wer weiß, wer da schon seinen Kopf hatte.«

Ihre Augen weiteten sich, sie richtete sich auf und strich sich durch das blonde, wellige Haar.

»Danke, Kerin, jetzt nimmst du mir auch noch das.«

Wir lachten laut los und ernteten genervte Blicke von einigen Mitreisenden, die sich offenbar nach Ruhe sehnten. Die wurde ihnen dank uns für drei Stunden ohne Umsteigen versagt, bis wir in den Bahnhof Hamburg-Altona einfuhren. Die Türen des Zuges öffneten sich. Eine ohrenbetäubende Lautstärke preschte auf uns ein. Ich klatschte aufgeregt in die Hände und sprang mit einem Satz aus dem Zug. Frieda rümpfte die Nase.

»Riech doch mal die Luft. Hier stinkt's.«

Ich warf den Kopf zurück und stürmte los.

»Na und? Das ist doch klasse.«

Um uns herum wimmelte es von Menschen, die ihre Züge in sämtliche Richtungen besteigen wollten. Der Geruch von fettigem Essen wie Pizza und Burgern kroch aus der überdachten Meile, wo mittendrin eine Buchhandlung ihre Geschäfte des Tages erzielte. Unzählige To-go-Kaffeebecher passierten unseren Weg, und das Pfeifen der Schaffner schepperte in unseren Ohren. Frieda hätte liebend gern schnurstracks Kurs auf die Einkaufsstraße genommen, um nach ausgedehntem Shopping wieder den Zug nach Sylt zu besteigen, doch wir hatten andere Pläne. Ich steuerte das Untergeschoss des Bahnhofs an, von wo aus sich uns das Netzwerk der S- und U-Bahnen eröffnete.

Ich kramte meinen Zettel hervor, auf dem ich mir die Verbindungen zu den vier WG-Zimmern, die ich mir anschauen wollte, notiert hatte, und musterte den Plan. Mit etwas Herzklopfen fuhren wir die Rolltreppe zum Gleis hinunter.

»So, wir nehmen die S1 Richtung Ohlsdorf bis Berliner Tor und steigen dann in die U3 Richtung Wandsbek Gartenstadt. Dann fahren wir nur noch ein paar Stationen, haben zehn Minuten Fußweg, und zack sind wir da.«

Frieda fiel die Freude aus dem Gesicht und zersplitterte auf dem Bahnsteig. Ich knuffte sie in die Schulter und nickte ihr aufmunternd zu. Als die S-Bahn einfuhr, die Menschen sich an die Türen drängten und jeder ein Gesicht zog, als hätte man ihn bei einem Date versetzt, stöhnte Frieda laut auf und verdrehte die Augen. Ich packte sie am Arm, drängelte uns dazwischen und ergatterte einen Fensterplatz, von dem aus wir das Spektakel an den Haltestationen beobachten konnten.

»Erinnerst du dich, wie wir mal diese ewig lange Rolltreppe durch einen Tunnel runtergefahren sind?«, fragte ich Frieda.

Sie nickte stumm.

»Das war so aufregend. Das war bestimmt die längste Rolltreppe der Welt, so kam es mir zumindest vor.«

Frieda schwieg und starrte aus dem Fenster.

»Ich glaube, das war damals in Rendsburg, oder?«

Sie strafte mich mit Missachtung und zuckte mit der Lippe.

Ich dachte daran, wie meine Mutter mir von meinem ersten Ausflug nach Flensburg erzählt hatte. Ich musste um die zwei oder drei Jahre alt gewesen sein, und wir trafen uns zum Bummeln mit einer ihrer Freundinnen. Als ich in das Kaufhaus kam, blieb meiner Mama nichts anderes übrig, als die Rolltreppe wieder und wieder mit mir rauf- und runterzufahren. Ihre Freundin schmunzelte.

»Es ist fast so, als hätte Kerin noch nie eine Rolltreppe gesehen.«

Meine Mutter lachte lauthals.

»Hat sie auch nicht. Wir haben keine Rolltreppen auf der Insel.«

Ja, Sylt war zwar nicht frei von Autos, eher im Gegenteil, aber gänzlich rolltreppenfrei. Dafür hatten andere zuvor noch nie einen Zug gesehen, der Autos chauffierte.

Als ich etwas älter war und das erste Mal allein eine Rolltreppe betrat, weil meine Mutter frecherweise einfach vorgefahren war, war es mir gar nicht geheuer. Mit mulmigen Knien sah ich zu, wie die Stufen aus dem Boden kamen und davonfuhren. Dass sich das

Geländer mitbewegte, schürte in mir furchtbare Bilder von verhedderten Haaren und Skalpierungen. Die Frage, ob ich den Absprung schaffen würde, bevor der Boden die Stufen unter grünlichem Licht verschluckte, ließ meine Hände schwitzen. Meine Mutter forderte mich heraus. Sie blieb oben stehen, um mir zu verdeutlichen, dass ich die Erfahrung überleben würde. Sie behielt recht.

Die S-Bahn hielt. Landungsbrücken. Vor uns das Wasser und der Hafen. Schiffe passierten die Wasserstraße und schipperten aneinander vorbei. Das Musical *König der Löwen* machte seine vormittägliche Pause, bevor der Gesang die Menschenmasse rührte und das Klatschen die Darsteller auf der Bühne ehrte. Ich rückte näher an die Fensterscheibe. Eine ganz andere, große Welt breitete sich vor mir aus, und mein Herz begann zu tanzen.

»Siehst du nicht, wie schön es hier ist?«

Frieda nickte zwar, doch der ungepflegte Mann, der mit seiner Bierdose schwankend neben uns stehen blieb, zog ihre ganze Aufmerksamkeit auf sich. Sie umklammerte ihre Handtasche und sah mich mit hochgezogenen Augenbrauen an.

Wir kannten die Stadt von Shoppingausflügen und einem Tag auf der Technoparade G-Move. Damals, so mussten wir feststellen, war die Zugfahrt, während der wir im Flur neben dem Raucherabteil auf dem Boden saßen und mit pfeifenden Melodien Liederraten spielten, das Beste am ganzen Tag gewesen. Angetrunken von Weinmischgetränken und mit Kippe im Mundwinkel flöteten wir bekannte Lieder aus unseren Kinderzeiten, wie der Soundtrack der *Kleinen Meerjungfrau,* und bestachen den Schaffner mit unserem Hundeblick, damit er uns nicht ins Raucherabteil abschob.

Nach einer Weile erreichten wir unsere Station und steuerten die Adresse der ersten WG an.

Die Straße lud Fahrzeuge zu einem Wettrennen ein, und volle Müllbeutel stapelten sich vor den Eingängen. Alte Gebäude schienen wie betrunkene Matrosen Arm in Arm am Straßenrand zu schunkeln.

Ich hob meinen Finger zur Klingel und stoppte.

»Frieda, wie sehe ich aus?«

Sie lachte.

»Das ist doch keine Verabredung. Bist du etwa nervös?«

Ich holte tief Luft.

»Was ist, wenn mich keiner haben will?«

»So ein Blödsinn, Kerin! Ich würde hier allerdings nichts haben wollen. Das ist ja furchtbar!« Autos brausten im Sekundentakt an uns vorbei.

Ich stimmte ihr zu, doch für den Anfang würde es reichen. Hauptsache, der Ex und die Insel lägen hinter mir wie einst meine Neurodermitis. Mein ganzes Leben lang hatte ich alles Mögliche probiert, von Eigenurin- über Bluttherapie bis zum Besprechen und Handauflegen. Bei Bestrahlungen hatten man mich einst vergessen, weswegen ich leichte Verbrennungen erlitt. Ich war zur Kur im Allgäu gewesen, in der Uniklinik in Kiel, doch nichts half. Den Glauben an eine Besserung hatte ich längst aufgegeben, doch ein wenig Hoffnung flammte ungebrochen in mir. Tatsächlich sollte ich diese Krankheit viele Jahre gar nicht mehr zu spüren bekommen, dank eines Nahrungsergänzungsmittels, auf welches ich in einer Gesundheitszeitschrift gestoßen war. Ein halbes Jahr lang lutschte ich fermentiertes Gemüse aus Japan, während meine Hautkrankheit sich langsam davonschlich. Diese Erlösung erleichterte meine Seele.

Ich drückte auf die Klingel, und die Tür wurde geöffnet. Eine junge Frau Mitte zwanzig stand grinsend vor uns. Ihre Kleidung bestand aus bunten Leinen, die Haare waren zu Dreads verfilzt, und sie hatte sichtbare rote Äderchen in den Augen. Sie stellte sich als »die Steffi« vor und lotste uns hinein. Frieda wäre am liebsten draußen geblieben, doch wir stapften die knarzende Treppe in dem heruntergekommenen Altbau bis in den fünften Stock hinauf und landeten in einer schlecht gelüfteten Wohnung voller farbiger Tücher, die von der Decke hingen. Die Steffi erinnerte mich an die verrückte Rayanne Graff aus *Willkommen im Leben,* der Fernsehserie mit Claire Danes und Jared Leto. Meine Güte, was fanden wir seine leuchtenden Augen und das lockere Haar toll!

Die Steffi und ich hatten nichts gemeinsam, bis auf das Alter. Sie merkte es, und Frieda und ich merkten es. Wir waren nett zueinander, lächelten, und als sie die Tür wieder hinter uns schloss, war allen sofort klar, dass dies ein Abschied für immer war.

Die weiteren WG-Besuche eröffneten uns diese Stadt mit vielen ihrer Facetten und Persönlichkeiten. Während wir mit Bus und Bahn durch Hamburg kurvten und die Stadtteile an den Fenstern vorbeizogen, schwirrte ein flaues Gefühl durch meinen Körper, doch ich boxte es zur Seite. Wir fuhren an der Binnenalster vorbei und beschlossen, eine Pause einzulegen, bevor wir uns auf den Weg zum letzten WG-Vorstellungstermin machten.

Der Tag war hell und klar. Die Sonne spiegelte sich im Wasser, was ein wenig an zu Hause erinnerte. Die verzierten Häuser standen mit Blick auf das Gewässer wie eine Mauer um es herum. Die Brücke, die hinüberführte, war stark befahren.

»Jetzt kannst du bald gar nicht mehr an den Strand!«, sagte Frieda, während sie in ihr Handy tippte.

Ich sah mich um. Vom Jungfernstieg her zogen Gesprächsfetzen zu uns herüber, Autos hupten, und kein Wind weit und breit. In den Schaufenstern der Geschäfte glitzerte und funkelte es wie in den Schaufenstern der Luxusboutiquen in Kampen.

Frieda tippte mich an.

»Kerin, hast du gehört? Du kannst nicht mehr an den Strand!«

Ich schenkte ihr ein mildes Lächeln.

»Na und? Als wären wir da ständig gewesen.«

Sie schwieg.

Da das Meer fast vor unseren Haustüren lag, entschieden wir uns des Öfteren, lieber im Garten zu bleiben, als es den Tumulten an der Westküste gleichzutun. Der Sand des Strandes wurde zwar von den Fluten abgetragen, doch davon würde er uns nicht laufen. Er würde immer noch da sein, wenn ich wiederkäme. Den Gedanken an eine Wanderinsel fand ich lustig.

Wir suchten uns ein kleines Café direkt an der Alster und bestellten Salat und Milchkaffee.

Unsere Blicke verweilten in den Augen der anderen. Wir brauchten keine Worte, jede wusste, was die andere dachte und fühlte. Wir waren zusammen aufgewachsen. Wie Geschwister von unterschiedlichen Eltern. Eine Freundschaft, die schon unser ganzes Leben lang hielt.

Ich lehnte mich zurück.

»Frieda? Wir bleiben doch immer Freundinnen, stimmt's?«

Sie nickte.

»Na klar, das bleiben wir, vorausgesetzt, du kommst wie vereinbart nach zwei Jahren zurück.«

Ich warf ihr eine Serviette entgegen, und sie kicherte.

Unser Ausflug war nicht sonderlich erfolgreich. Auch das letzte WG-Zimmer entpuppte sich als Flop. Hamburg schien mir den Start in mein neues Leben nicht gerade einfach machen zu wollen.

Big City Life

Zwei Wochen später startete ich einen neuen Versuch, eine passende Bleibe zu finden, und dieses Mal war ich erfolgreich. Louisa, eine junge Meteorologie-Studentin und begnadete Klavierspielerin aus Reutlingen, zog mit mir gemeinsam in eine frisch renovierte Wohnung in Barmbek. An meinem Fenster fuhr die U2 auf Augenhöhe vorbei, und des Nachts lungerten allerlei zwielichtige Gestalten in den Straßen und im Treppenhaus herum. Ansonsten war wenig Leben zu spüren. Lüften im Sommer war auch keine Wucht. Die Abgase der sehr stark befahrenen Straße feierten in meinem Zimmer eine Party, und die Insassen der Bahn glotzten mir ins Stübchen. Dafür hatte ich umso mehr Glück mit Louisa. Wir verstanden uns prächtig und teilten miteinander die vielen Erlebnisse, welche die Stadt uns bescherte.

Mein Leben kam in Schwung. Ich fand einen Job als Promoterin bei einer Promoagentur. Zugegeben, der Verkauf von Kreditkarten im Flughafenterminal war manches Mal etwas undankbar, doch der Erfolg ließ die Kasse klingeln, es machte mir Spaß, und ich hatte nette Kollegen. Es gelang mir schnell, Fuß in der Vertriebsbranche zu fassen. Ich war motiviert – die Postkarte mit dem Schriftzug »Eine Frau will nach oben« an meinem Spiegel erinnerte mich täglich daran, warum ich hier war –, und mein Ehrgeiz zahlte sich aus. Ich stieg zur Teamleitung auf und wechselte später als Regionalleitung in ein anderes Unternehmen. Zwischendurch begann ich ein Studium im Eventmanagement, das ich jedoch abbrach, da es mir an Zeit mangelte. Ich arbeitete viel, und mein Konto füllte sich. Von Ehrgeiz erfasst, wollte ich immer besser werden. Außerdem sollte

Barmbek nun wirklich nicht meine Endstation sein. Der Erfolg war da, doch privat war ich noch nicht in Hamburg angekommen. Der Ort hatte mich nicht erreicht, nicht selten passierte ich an den Wochenenden also wieder den Hindenburgdamm, um in Morsum auszusteigen und Frieda und meine Familie zu sehen.

Erst als ich nach fast einem Jahr in Hamburg eine eigene Wohnung in Eimsbüttel bezog, einem Stadtteil, mit dem ich mich zügig anfreundete, und mich öfters mit einer Arbeitskollegin aus der ersten Promozeit verabredete, packte mich die Stadt. Juliane kannte Hamburg in- und auswendig, sie war hier geboren und aufgewachsen. Die Eventplanerin, selbstständig, um anderen ihren Glückstag zu bescheren, und ihre kleine Schwester Liv begleiteten mich durch eine verrückte Zeit. Ich wohnte in einer etwas heruntergekommenen, jedoch sehr charmanten kleinen Altbauwohnung. In ihr lebte Geschichte. Die Schrammen im Boden zeugten von jahrelanger Abnutzung von den verschiedensten Persönlichkeiten, die hier vielleicht die schönsten und schlimmsten Momente ihres Lebens durchlebt hatten. Das Haus hatte einen schnuckeligen Innenhof, in dem die Parteien kleine Terrassenstücke mit Blumenpötten für ihre Sitzecken abgrenzten. Die zweistöckigen, in Gelb gestrichenen Häuser standen sich gegenüber, und die Holztreppe knarrte wie Omas Fußboden. Stuck schmückte die Decken, und junge Kreative hauchten den teils maroden Gebäuden frisches Leben ein. Das Gerücht, dass ein paar Prostituierte in einer der hinteren Wohnungen ihre Dienste anboten, hielt sich dank der zugemauerten Fenster hartnäckig.

Ich verweilte häufig mit dem Blick durch das helle Wohnzimmerfenster in den Innenhof und ließ mich von den Sonnenstrahlen streicheln, mitten in Hamburg, in dieser kleinen Oase, die nun mein Zuhause war. Die wilden Singlezeiten einer jungen Dorfdame wurden mit Sekt begossen und mit lauter Musik untermalt. Die Spießigkeit meiner bisherigen Ideale und Weltansichten hatte ich auf Sylt gelassen. Der Fußweg entlang des Isebekkanals lüftete meinen Kopf nach durchzechten Nächten, und die Außenalster milderte den Drang nach Schnelligkeit. Neue Freundschaften machten mein Glück vollkommen, und so wurde Hamburg für mich das New York der Carrie Bradshaw, wenn ich auf den Stufen meines Hauseinganges eine Zigarette qualmte. Mit den beiden Schwestern erlebte ich eine ungebremste Zeit zwischen den Tanzflächen der Klubs und dem Alltag unter der Woche. Juliane, die Ältere, immer von der großen Liebe träumend, tänzelte in ihren rüschigen Klamotten durch den Tag, wartend darauf, dass der Mann ihres Lebens sie an einer U-Bahn-Station fand. Aus dunklen Augen dreinblickend, zwirbelte sie ihren bräunen Löckchen, während in ihrem Herzen eine Welt voller Hoffnung pochte.

Liv, geküsst von Eleganz, schlängelte ihren zarten Körper in knappe Kleidchen, ihre Lippen waren rot getuscht, und ihre Konturen glichen denen eines Filmstars. Ihre makellose Schönheit entging niemandem. Ihr sprunghafter Charakter wurde von ihrer Herzenswärme besänftigt, doch der Tupfer Verrücktheit glänzte in ihren Augen. Wir verbrachten unzählige Stunden miteinander, sparten uns die ernsten Themen des Lebens und genossen die Biere in den Bars, das Essen in den Lokalen und lachten uns durch die Monate.

Die beiden Mädels bildeten meine Base, in der weitere Menschen ihren Platz einnahmen. Einige blieben lange, einige verweilten nur kurz und verschwanden schnell wieder, wie alles in dieser Stadt. Schnell, schnell, schnell. Alles war so kurzweilig. Die Bekanntschaften, die Begegnungen, die Aufträge im Job – alle waren auf der Überholspur, lechzend nach mehr. Einmal schnell ins Café, einmal schnell einkaufen, schnell mit der Bahn durch die Stadt. Schnell noch ein Getränk in der Schanze, schnell ins Bett, der Morgen wartet schon.

Meine Wohnung war der zu jeder Tages- und Nachtzeit beliebte Treffpunkt meines Freundeskreises. Weg von Land und Hof, durchdrungen vom Gefühl der Freiheit, zog ich durch die Straßen und lebte in vollen Zügen. Das einzige Kontakt zu Tieren war einem Eichhörnchen zu verdanken, welches im Hinterhof sein Futter sammelte. Ich taufte es spontan Herr van der Wichtelberg. Es gelang mir, durch Klopf- und Kratzzeichen mit ihm Kontakt aufzunehmen, bis er auf meiner Fensterbank die Nüsse fraß, die ich ihm hingelegt hatte. Fast wie seinerzeit beim Eichhörnchenfüttern mit Onkel Albert und Hella. Herr van der Wichtelberg hatte nach ein paar Wochen allerdings genug. Er zog weiter und kehrte nie wieder zurück.

Das Einzige, was meine Fenster neben den in Beere gefärbten Vorhängen schmückte, waren nackte Figuren aus Schneespray, die Liv nach dem Konsum mehrerer Becher Glühwein an die Scheibe gesprüht hatte. Die Party war ausgiebig gewesen, wie die meisten. Meine Freunde zum Tannenbaumschmücken einzuladen, war eine ziemlich verrückte Idee gewesen, wie sich herausstellte. Mit dem Basteln von Christbaumschmuck hatten wir erst zu später Stunde begonnen, als uns der Glühwein bereits ordentlich einheizte. Als ich am nächsten Morgen wach wurde, es unbarmherzig in meinem Kopf hämmerte und ich den verfeierten Baum sah, war mir gleich wieder nach einem Drink und einer Zigarette zumute. Ramponiert und zerrupft, mit Übermengen an leuchtenden Kugeln, Figuren aus buntem Pappkarton, Engelshaar und Geschenkband an seinen Ästen, sah er aus, als hätte er einen fetten Kater nach einer durchzechten Nacht. Ich zog meine Gemütlichkeitshose über und musterte das üppig verzierte Prachtexemplar. An der Spitze der überladenen Tanne baumelte eine in goldenes Geschenkband eingewickelte Kippe. Es war, als hätte die Nacht Lametta gekotzt. Ich kam aus dem Lachen nicht mehr raus, band die Zigarette schließlich los und ging in die Küche, um sie zu rauchen.

Der Sommersalon, ein Nachtclub beim Schmidt Theater auf dem Spielbudenplatz, wurde mein zweites Zuhause. Laute Musik dröhnte in meinen Ohren, und die Bässe tobten durch mein Blut. Eine Mischung aus Funk, Soul, mit Balkanbeats und Mash-ups. Hübsche tanzende Menschen, von denen es in Hamburg mehr als genug gab, pulsierten durch die Nacht und ließen Legenden zum Leben erwachen. Der Retroschuppen mit Palme, Gardinen und einem Autoscooter bebte, während wir Mädels die Hüften schwangen. Wir tranken bis zum Abwinken und genossen den Moment, unterlegt von der besten Musik der Welt. Ich dürstete nach Rhythmus, geleitet von den Klängen. Tänze für die Ewigkeit, tief verankert in mir drin. In meinem Blut, in meinen Gliedern und in meinem Gedächtnis.

Für feste Beziehungen war keine Zeit. Das eine oder andere Mal pochte mein Herz etwas stärker, doch es reichte nie für mehr, das Singleleben blieb mir erhalten. Die Schnelligkeit hatte mich erfasst. Ich wechselte den Job, trat wieder kürzer und beschloss zu reisen. Zwischen Irland und Thailand lernte ich die Welt kennen und meldete mich beim Couchsurfing an, einer Plattform im Internet, die kostenfreie Übernachtungsmöglichkeiten in fremden Städten vermittelt. Ich bot mein Sofa an und bekam meinen ersten Besuch in Person eines jungen Mannes aus Seattle.

Couchsurfing für Anfänger

Menschen strömten mir entgegen und hasteten die Straße entlang, um ihren Bus zu erreichen.

»Kerin, da kommt ein wildfremder Typ zu Besuch? Über Nacht?! Ruf mich bitte an, sobald etwas nicht stimmt!« Die Stimme meines Chefs klang so streng wie besorgt. Wir hatten uns angefreundet, rein übers Telefon. Er leitete die Geschäfte von Stuttgart aus, und ich kümmerte mich um den Vertrieb im norddeutschen Raum, baute Verkaufsstände an den Universitäten auf und schulte die Promoter.

»Da wird schon nichts passieren, außerdem sind Liv und Juliana in Alarmbereitschaft. Sie kommen vorbei, falls ich mich nicht melde!«

»Wenn's dann nicht schon zu spät ist.« Er seufzte tief. »Na gut, aber in Ordnung finde ich das nicht. Pass auf dich auf!«

Ich versicherte mit Nachdruck, Vorsicht walten zu lassen, und legte auf. Ich schaute auf die Uhr. William sollte jeden Moment an der Station Schlump aussteigen. Ich rieb mir die Hände. Ein wenig schwitzig waren sie schon. Einen Fremden zu beherbergen, und dann noch einen Mann, der nicht meine Sprache sprach, war aufregender, als ich es mir eingestehen wollte. William hatte mich gerade erst über das Portal angeschrieben. Er sei Amerikaner, lebe in Seattle und sei auf Weltreise. Um Land und Menschen näher zu sein, habe er das Couchsurfing für sich entdeckt. Sein Profil wirkte sehr sympathisch. Die Bilder zeigten einen sportlichen jungen Kerl mit blonden, kurzen Locken, der offenbar viel lachte. Es wimmelte nur so von positiven Bewertungen seiner vorherigen Gastgeber, und er war mit seinen Personalien verifiziert.

Jedes Mal, wenn eine neue Bahn ankam, stand ich draußen vor dem Eingang an der Kreuzung und inspizierte die Gesichter. Der Geruch von knusprigem Dönerfleisch und Salmiak-Lollis kroch mir in die Nase. Der Turm vom Schanzenpark, ehemals der größte Wasserturm Europas, stand auf einem Hügel und lugte durch die Baumkronen auf mich herab. Auf der Straße war wie immer reges Treiben. Fahrradfahrer schimpften über ein Auto, das mal wieder die Vorfahrt nahm.

Mit dem dritten Schwung Passanten lief mir ein leger in Shorts und Hawaiihemd gekleideter, recht kleiner Mann mit strahlend weißen Zähnen entgegen. Sein Backpack sah leicht aus, er brauchte anscheinend nicht viel. Sein Lächeln war breit, und seine Augen verrieten Tausende Erlebnisse.

»Hi, Kerin, I'm William. Nice to meet you.«

Wir reichten uns die Hand, sein Griff war weich.

Er überschlug sich mit Tausenden von Fragen, die ich so schnell kaum zu beantworten wusste. Er wollte alles über das Leben in Hamburg und in Deutschland erfahren. Als ich ihm von Sylt erzählte, staunte er. Zu gern hätte er die Insel besucht, doch Sylt hing der Zeit des Couchsurfens etwas hinterher, sie bevorzugte lieber das wahrhaftige Wellenreiten.

William war begeistert von Hamburg. Alles, was er sah, sog er wissbegierig in sich auf.

Wir verstauten sein Gepäck in der Wohnung und zogen durch die Straßen Hamburgs, denn William hatte einen Plan. Akribisch hatte er die wichtigsten Sehenswürdigkeiten in seinem Reiseführer mit Eselsohren gekennzeichnet, und die sollten auch gesehen werden. Wie das Miniatur Wunderland, oder wie er sagte: »Miniaturwonderlaaand«. Verschämt gab ich zu, dass ich vom Miniatur Wunderland, der größten Modelleisenbahnanlage der Welt mit Sitz in der historischen Speicherstadt, noch nie etwas gehört hatte. William konnte das nicht glauben und bestand darauf, dass ich ihn in die Ausstellung begleitete. Er strahlte wie ein kleiner Junge, als wir in die knapp 1.500 Quadratmeter große Modelleisenbahnwelt eintauchten. Stundenlang schielten wir in die Fenster der Hochhäuser, hinter denen kleinste Figuren staubsaugten oder duschten, während die Eisenbahn an uns vorbeizuckelte. Die Gleise erstreckten sich über Hamburg, Italien, die USA und viele weitere Länder. Schnee lag auf den Bergen, die Wahrzeichen großer Städte waren detailgetreu nachgebaut, und ein ständiges Raunen huschte durch die Besuchermenge. Sichtlich beeindruckt von der Arbeit, die dahintersteckte, gönnten wir uns im Anschluss ein Bier in der Schanze, während links von uns Krawallmacher auf einen Wasserwerfer zumarschierten. In diesem Stadtteil gab es regelmäßig Ausschreitungen zwischen Randalierern und der Polizei, ob mit politischem Hintergrund oder, wie in der Nacht zum ersten Mai, oftmals aus purer Lust an Randale. Dass William seine Flasche hinunterfiel und sich die Wand aus Polizisten mit einem Mal umdrehte, ließ uns kurzzeitig erstarren. Wir saßen am Hafen und aßen Fisch, tanzten im Sommersalon und auf dem Hamburger Berg, bis sich unsere Wege wieder trennten und William sich zu seinem nächsten Ziel aufmachte.

Die Couchsurfsaison war eröffnet, und mein Chef beruhigt. William ging, Mira kam. Die Kölner Lehrerin, mit gleichem Alter und Gedanken wie ich, das Herz voller Lebenslust, fiel mir zur Begrüßung in die Arme, und die Freundschaft säte ihre Saat über uns aus. Gemeinsam surften wir Couches in London und in Wien, besuchten uns in den jeweiligen Städten und führten uns gegenseitig durch diese Lebensphase, geprägt von Leidenschaft und dem Durst nach dem Moment.

Meine polnische Moni trat in mein Leben wie eine Portion würziger Kichererbsen. Laut und ungehalten. Sie war ein Freigeist, sprach zu ihren Engeln und sang für ihr Leben gern. Sie träumte von der großen Bühne, war ebenfalls Mitte zwanzig und Single. Aus einer Kollegin aus der Promobranche wurde schnell eine enge Freundin, die für jeden Spaß zu haben war. Sie war so laut, dass man sie leicht in einer Menschenmenge ausfindig machen konnte, und lachte so beherzt, dass ihr die Tränen über die rosafarbenen Wangen kullerten. Eine Granate von Frau, mit jeder Menge Explosionen.

Moni lebte ein paar Busstationen von mir entfernt in einer Erdgeschosswohnung mit einer Grünfläche hinterm Haus, welche durch ihr Küchenfenster zu erreichen war. Dort lud sie zum Grillen und Sonnen ein. Liv, Juliana, Moni, viele weitere und ich erlebten eine prickelnde Zeit.

Hamburg pulsierte unter den Füßen der Menschen, und die Geräusche schrien nach Leben. Menschen mit den unterschiedlichsten Werten, ein Schwall aus kontrastreichen Charakteren mit diversen Geisteshaltungen, waberten wie Millionen von Bienen in ihrem Stock und schillerten in bunten Farben. Pikante Gerüche, verbunden mit Gelächter und Tränen, überfüllte Bahnen mit dem Schweiß anderer Menschen an den Sitzen, Gedanken für tausend Geschichten, einmalige Berührungen und tiefe Gespräche erhellten Hamburg in ihrem glänzenden Licht. Tausende Erwartungen prallten aufeinander, vermischten sich, und jeder verließ den Ort der Begegnung um eine Anregung reicher.

Wenn im Planten und Blomen, dem Wallringpark, in den Sommermonaten die Wasserlichtkonzerte Tausende von Küssen mit sich brachten, unzählige Bücher auf den Bänken oder Wiesen gelesen wurden, die Segelboote über die Alster schipperten, während die Grillkohle dampfte, dann rief das Leben nach Sonne. Bildschöne Männer und Frauen joggten an einem vorbei, Studenten philosophierten über ihre Zukunft, und die Kirschblüten färbten den Mai in ein weiches Rosé, bis die Blüten sich von ihren Ästen lösten, um in die Träume der Menschen zu segeln.

Und mein Schicksal nahm seinen Lauf.

Gehen, um zu bleiben

Ich kroch durch das Küchenfenster und stieg in den Garten. Moni rannte zwischen den Gästen umher, stets bemüht, alle versorgt zu wissen. Ich hatte Spätschicht und kam entsprechend spät zu ihrer Geburtstagsfeier. Gerade noch hatte ich mich mit meinen befreundeten Kolleginnen zwischen Hautpflege und Gin unerlaubt unterhalten. Gespräche untereinander waren im Duty-free-Shop strengstens untersagt, was nicht immer förderlich für die Stimmung der Mitarbeiter war. Mir war nach vielem anderem, aber nicht nach einer Geburtstagsfeier zumute. Wir hatten uns auf der Verkaufsfläche im Hamburger Flughafen die Füße platt gestanden, und die Dauerschleife, in der wir unsere Produkte präsentierten, hatte uns ganz weich im Kopf gemacht. Die letzte halbe Stunde mit Tratsch und Gekicher um die Runden zu bekommen, war reinstes Überleben gewesen. Ich erzählte von der Party und dass Moni wegen meines Entschlusses, meine Zelte in Hamburg abzubrechen, noch sauer auf mich war. Die Hoch-Zeit in Hamburg war für mich zu Ende. Ich kannte die Stadt gut genug und solange ich mit 28 Jahren noch jung und ungebunden war, wollte ich weiterziehen. Wien oder Kopenhagen sollte es sein. Beide Städte hatten es mir bei Besuchen besonders angetan. Meine Kolleginnen nickten einstimmig, redeten mir jedoch ins Gewissen, den Geburtstag keinesfalls sausen zu lassen. Gesagt. Getan.

Ein weißer Pavillon stand im Garten und schützte die Festgesellschaft vor Regenwetter, doch dieser Tag im Mai war voller Sonne. Grillfleisch spritzte Fett in die Glut, und Musik dröhnte durch die Lautsprecher. Bierbänke reihten sich um die Tische, und die Gäste wirkten ausgelassen. Moni sah mich an und strahlte. Wie schön, sie freute sich doch. Ich umarmte sie fest und drückte ihr einen Kuss auf die Wange. Ihr gelbes Kleid flog ihr fast über den sportlichen Po. Ihr neuer frecher Kurzhaarschnitt kitzelte mein Gesicht. Die Gäste drehten sich mit offener Haltung zu mir. Ich kannte ein paar in der Runde, wurde gleich von Monis Nachbar stürmisch in die Arme geschlossen, und ein blonder, großer Mann lächelte mir zu, während er uns beobachtete. Ich lächelte zurück.

Als der Nachbar mich losließ, ging ich auf den Mann zu, und sein Grinsen wurde immer breiter. Mit sportlicher Figur, in einem violetten Hemd und dunkler Jeans stand er vor mir. Er streckte mir die Hand entgegen.

»Hi, ich bin Till«, sagte er.

»Kerin«, entgegnete ich mit einem Kichern, drehte ihm den Rücken zu und stellte mich den anderen vor. Dann setzte ich mich an den großen Tisch zu den bekannten Gesichtern und aß mich an orientalischen Salaten und Grillfleisch satt. Meine Freundin eröffnete ihre Bühne, ergriff das Mikrofon und sang uns ein paar Ständchen, während sie zur Musik tanzte. Sie liebte Musik. Die Sonne sank, und ich zog mir meinen karierten Mantel über die Schultern. Lautes Getöse hallte bis an die Hausmauern, doch die Nachbarschaft beschwerte sich nicht. Moni hatte alles perfekt geplant und einfach alle Nachbarn eingeladen. Die Teller quollen mit Würstchen und Salaten über. Knoblauchbutter floss aus dem frisch gebackenen Brot und zerging auf der Zunge. Vegetarische Gerichte mischten sich mit sämigen Soßen. Leere Flaschen standen an den Tischenden, Sekt und Bier flossen in die Gläser. Ausgelassen unterhielten sich die Gäste, der polnische Charme und seine Offenheit hatten alle erreicht. Als Moni ihren nächsten Auftritt für uns plante, setzte ich mich schräg auf die Bank und atmete erschöpft von dem

Tag tief und laut aus. Plötzlich sang einer los, und alle stimmten mit ein.

»Happy birthday to you, happy birthday to you ...«

Moni stand mit feuchten Augen auf ihrer selbst gebauten Bühne und wedelte sich Wind ins Gesicht. Dann lachte sie los, über sich selbst, etwas, was sie ständig machte. Wir klatschten, und sie sang ihre Klassiker. Aus den Augenwinkeln sah ich, wie Till sich mir näherte, einen Stuhl ergriff und ihn neben mich stellte. Er lehnte sich lässig zurück, krempelte die Ärmel seines violetten Hemdes locker nach oben, öffnete sein Bier mit dem Feuerzeug und nahm einen großen Schluck. Eine silberne Uhr umschlang sein gebräuntes Handgelenk. Dann fuhr er sich mit seiner gepflegten Hand durch das blonde Haar.

Während Monis Nachbar neben mir von seinen beruflichen Plänen erzählte, konnte ich mich kaum konzentrieren. Till zog mich mit seiner präsenten Art an, und es wirkte, als hörte er uns mit einem Ohr zu, während Monis Stimme durch das Mikrofon trällerte.

Monis Nachbar redete ohne Punkt und Komma, doch meine Augen schielten immer wieder zu Till. Das Treiben um uns herum war ausgelassen. Als der Nachbar einen Kumpel in der Menge entdeckte, verschwand er. Ich nutzte den Moment, drehte mich zu Till und sah ihn offensiv an. Er grinste, drehte sich eine Zigarette und zog genüsslich dran.

»Und warum bist du so spät gewesen?«, fragte er mich.

Ich hatte das Rauchen fast aufgegeben, doch zu einem Bier konnte es nicht schaden.

»Ich musste noch arbeiten«, sagte ich und reichte ihm meine Flasche Bier, die er, ohne zu fragen, öffnete. »Drehst du mir auch eine?«

Er nickte und stand auf. Ein Windzug wehte durch mein Haar, und die Bäume raschelten.

Ungeniert setzte er sich zu mir. Ich fühlte mich wie ein Reh im Scheinwerferlicht, schwang mein eines Bein schnell zum anderen und setzte mich gerade an den Tisch. Till grinste verschmitzt und rückte näher, legte seine Brille ab und sah mir in die Augen.

»Und wo arbeitest du?«

Ich erzählte ihm von meinem Job und meiner Zeit in Hamburg und von meinen beruflichen Plänen. Wir fanden viele Parallelen und verwickelten uns in immer tiefere Gespräche.

Die Lautstärke um uns herum stieg, doch der Trubel rauschte an uns vorbei. Moni verbreitete beste Stimmung und versorgte ihre Gäste mit neuen Getränken, noch ehe man ausgetrunken hatte. Es trafen weitere Gäste ein, der Garten war voll. Die Nachbarn aus dem Hochhaus ließen uns ungestört feiern, sie blieben fern. Till rückte immer näher an mich heran, bis unsere Beine sich berührten. Ich musterte ihn, während er mir von sich erzählte. Der Mann aus Mölln, der Eulenspiegelstadt Schleswig-Holsteins, der einen ähnlichen beruflichen Werdegang wie ich hinter sich hatte, war zu dem Zeitpunkt ebenfalls in der Promoszene etabliert und pendelte jeden Tag mit dem Bus nach Hamburg, um in einem Elektrofachhandel zu arbeiten. Er sah jünger aus als 33, und er war Single. Sein Ellenbogen war auf der Tischkante abgestützt, seine großen Hände redeten mit. Seine Haut sah weich aus und ließ meinen Puls höher steigen. Und dann trafen sich unsere Augen für einen längeren Moment. Seine leuchteten mich hellblau an, als würde ein Licht in ihnen brennen.

Er stand auf.

»Ich hole mir noch ein Bier, möchtest du auch?«

»Nein, danke. Ich trinke jetzt Wasser.« Ich griff nach einer Wasserflasche, schenkte mir ein und schaute ihm versonnen nach. Da setzte sich ein anderer Mann zu mir und fing an zu plaudern.

Oh nein, was mache ich denn jetzt? Till kam mit einer frischen Flasche Bier zurück, sah zu uns herüber und setzte sich zu Moni und einer anderen Frau, groß, blond, braun gebrannt, mit der er gleich ein Gespräch anfing.

Ob er nicht neben mir sitzen bleiben wollte?

Ich ertappte mich dabei, wie ich etwas beleidigt wurde.

Enttäuscht trank ich einen Schluck Wasser.

Mist.

Wieder entwischt.

Ich löste mich aus den Gesprächfetzen, die von meinem neuen Sitznachbarn kamen, widmete mich der Runde und stieg in die Scherze der anderen ein. Jeder hatte mindestens eine Geschichte zu erzählen, die die anderen zum Lachen brachte. Vom Zukunftstraum bis zum Kindheitstrauma.

Leicht beschwipst erzählte ich, wie auch ich eine Gesangskarriere angestrebt hatte. Mit acht Jahren.

»Nein, Kerin, das hast du nicht!«, lachte Moni.

»Na klar. Ich habe sogar ein Lied gedichtet. Mit Jenna, einer Freundin.«

Ich fing an zu singen.

»Ich gieße die Limonahadeee, ich bringe die Schokolahadeee, wir beide, wir sind ein gutes Teeeaaam …«

Alle lachten.

»Ich hatte mir mit Jenna fest vorgenommen, das im Duett zu singen. Wir haben kurz geübt, sind zu meiner Oma und haben in ihrem Telefonbuch nach der Nummer vom Radio gesucht.«

Es wurde still. Alle an der großen Tischreihe hörten mir zu.

»Als ich die Nummer gefunden hatte, habe ich sie mit der Drehscheibe gewählt. Jenna weigerte sich, doch für mich war klar, das ziehe ich durch. Als eine Männerstimme ranging, sang ich ohne ein Hallo sofort los.«

In der Runde wurde geschmunzelt, und ich sang ein weiteres Mal.

»Ich gieße die Limonahadeee, ich bringe die Schokolahadeee, wir beide, wir sind ein gutes Teeeaaam.«

Moni klatschte sich auf die Schenkel.

»Du hast nicht wirklich beim Radio angerufen?«

Ich lachte laut auf.

»Nein. Der Mann am Telefon hat angefangen zu lachen und mir klargemacht, dass ich bei irgendeiner Funkstation gelandet bin, es aber total süß gewesen sei. Ich war wie geschockt, sagte ›Tüs‹ und knallte den Hörer auf das Telefon, während Jenna sich vor Lachen krümmte.«

Riesiges Gelächter ertönte, und man prostete sich zu. Monis Wangen waren rot.

»Ach, Kerin, geiles Ding!«

Till beugte sich vor und schrie über den Tisch.

»Oh Mann, dich könnte ich vom Fleck weg heiraten!«

Gejohle ertönte.

»Ja, ja, das sagst du doch nur so«, sagte ich schnell und tat den Kommentar mit einer Handbewegung ab. Gläser klirrten, und die Korken knallten aus den Flaschenhälsen. Kohlensäure prickelte im Schein der aufgestellten Windlichter.

Das letzte Glühen der Kohle ließ nach. Wind zog auf. Und als der Platz neben mir frei wurde, setzte Till sich endlich zu mir.

»Ist dir kalt?«

Ich nickte und knöpfte meinen Mantel zu. Moni rannte mit einem Fotoapparat durch die Gegend. Jeder wurde gefühlte hundertmal geknipst, bis sie bei uns war.

»Los, ihr zwei, euch muss ich auf jeden Fall auch draufhaben. Immer schön lächeln!«

Wir grinsten.

»Rückt doch mal näher zusammen, das sieht doch blöd aus!«

Sie verzog das Gesicht.

Während ich noch den Abstand zwischen uns auspeilte und überlegte, ob ich mich bewegen sollte oder nicht, moserte Moni: »Mensch Kerin, sei doch nicht so schüchtern, was ist denn los mit dir?«

Am liebsten hätte ich sie geschüttelt. Doch bevor ich überhaupt reagieren konnte, rückte Till auf, sah mich grinsend an und legte locker den Arm um mich.

»Na, geht doch!« Moni drückte zufrieden ab und jauchzte.

Ich trank mein Wasser aus und sah Till an. Er hatte sich etwas übergezogen, doch sein Hemd war leicht aufgeknöpft, sodass ich seine Brust erahnen konnte. Ich musste den Absprung schaffen. Jetzt. Sofort.

»Ich gehe jetzt, war schön, dich kennengelernt zu haben«, sagte ich hastig und sprang auf.

Verdutzt sah er mich an, wie alle anderen. Bevor er etwas sagen konnte, lief ich zu Moni, drückte ihr einen Kuss auf die Wange und peilte das Fenster an. Keiner rief mir nach.

Ließ er mich einfach so gehen?

Als ich hindurchsteigen wollte, sah ich mich um, und Till lehnte sich nach hinten zu mir.

»Möchtest du nicht doch noch ein wenig bleiben?«

Ich lächelte, schüttelte aber den Kopf.

»Nein, ich muss jetzt gehen!«

Er stellte sich hin und breitete die Arme aus.

»Bist du dir sicher?«

Ich nickte und verschwand.

Mist, war das falsch?

Die Dunkelheit kehrte ein. Zusammen mit zwei von Monis Freunden nahm ich den Bus. Auf dem Weg nach Hause dachte ich nur an Till.

Meine Wohnung stand leer, und der Tag, an dem ich Hamburg verlassen wollte, rückte immer näher. Meine Möbel waren zurück auf Sylt, um dort mit mir ein paar Sommertage zu verbringen, bis es mich endgültig wieder in die Ferne treiben sollte. Weder Vorhänge noch Sitzmöglichkeiten blieben zurück. Ich erhoffte mir eine Entscheidung, wenn Sylt mir ein paar freie Tage schenken würde. In Wien hatte ich mich einfach restlos verliebt, als ich mit Mira dort gewesen war. Kopenhagen wäre eine gute Möglichkeit, mein Dänisch aufzufrischen, welches in meinem Gedächtnis wie ein Erinnerungsstück auf dem Dachboden lag und einstaubte. Nicht ohne Grund wurden die Dänen als die glücklichsten Menschen bezeichnet, man sah es in ihren Gesichtern. Wenn ich auch nicht alles unterstützte, was dort vor sich ging, wie das Walschlachten auf den Færøerne. Beruflich wollte ich mich wieder neu entdecken, die Zeit würde mir den Weg schon zeigen. Bis dahin saß ich mit dem Herzen in meinen Texten, die ich zu Papier brachte.

Ich stöberte gedankenverloren durch die Postersammlung der kleinen Buchhandlung in der Grindelallee, in der ich damals kurz nach meinem Einzug das Marilyn-Monroe-Poster gekauft hatte.

An die Küchenwand gepinnt, hatte sie mich jeden Tag bereits beim Frühstück angestrahlt. Ich lief an einem kleinen Café vorbei. Zu oft war ich diesen Weg von meiner Haustür bis zum Dammtor durch die Colonnaden an den Jungfernstieg spaziert, um dort in einem Infopavillon für den Bau der U4 zu arbeiten. Ich kannte Hamburg gut, doch alles hatte ich längst nicht gesehen.

War es richtig, zu gehen?

Ich wurde ein bisschen wehmütig, und Till ging mir nicht mehr aus dem Kopf. Ich wollte ihn wiedersehen, nur für einen Moment. Ich wollte mich in seine Arme betten und seine Haut fühlen, ihn einatmen. Meine Gedanken kreisten wie die Vögel am Himmel, die vor dem Hintergrund seichter Wölkchen durch das satte Blau turtelten.

Nein, es war bestimmt gut zu gehen. Schließlich riefen Wien und Kopenhagen nach mir, ich sehnte mich nach einer Entscheidung.

Zwei wunderschöne Städte mit gänzlich unterschiedlichem Flair lockten mich.

Ob ich mein Glück da finden würde? Ich dachte an meine Wohnung beim Schlump. Ich hatte so viele schöne Momente in ihr erlebt, und jetzt war kaum etwas davon übrig geblieben. Die Menschen, die mein Leben hier gekreuzt hatten, gingen nun ihrer Wege wie ich meinen, mit einem Herzen voller Erinnerungen und Freundschaften, die hoffentlich die Ferne überleben würden.

Ich schloss die Tür zu meiner leeren Wohnung auf. In meinem Schlafzimmer lag eine klappbare Kindermatratze, mein Backpackerrucksack stand davor. Mein Kühlschrank war fast leer. Auf meinem Handy ploppte eine Nachricht auf. Mein Arbeitskollege erwartete mich in der Schanze. Das kam wie gerufen.

Ich ergriff die Flucht vor der Entscheidung und der leeren Wohnung, schnappte mir eine Jacke und eilte hinaus.

Reges Gequatsche zog sich durch das Schulterblatt. Die Meile mit Cafés, Bars und Restaurants war eines der beliebtesten Ausgehziele der Hansestadt, vor allem bei gutem Wetter. Einer der schönsten Plätze Hamburgs.

Ich saß meinem Kollegen gegenüber und lauschte seinem Singsang über seine neue Freundin. Ein stetes Grinsen verriet seine Gefühle. Es war abzusehen, dass auch er die Stadt in naher Zukunft verlassen würde, um der Liebe in den Süden zu folgen. Das Guinness kühlte uns von innen, während ich meinem Kollegen von Till erzählte. Der Geburtstag war zwei Tage her, und eigentlich kam es mir sehr gelegen, dass er sich nicht gemeldet hatte. Im Zeitalter der sozialen Netzwerke hätte er mich längst ausfindig machen können. Aus irgendeinem Grund spukte er mir trotzdem durch den Kopf. Vor uns tummelten sich die Menschen an der Roten Flora, dem besetzten Gebäude der Autonomen, in dessen Umfeld es immer wieder zu Ausschreitungen kam. Unterschiedliche Gerüche von deftigem Essen, Abgasen und blühenden Bäumen krochen in die Nasen. Gläser mit Rotwein klirrten, Scampis brutzelten in Pfannen, und Gelächter schallte zwischen den bunten Häuserwänden und ihren verschnörkelten Balkonen. Die Schaumkrone unseres Abschiedsbieres klebte mir an der Oberlippe, und ich leckte sie ab. Ich stützte meinen Kopf auf die Hände, saugte die Stimmung in mir auf, bis der Abend sich dem Ende neigte.

Es sollte eines der letzten Male für mich sein, dass ich zu Fuß in meine Altbauwohnung zurückschlenderte. Ich winkte beim Vorbeigehen in den Sushi-Laden und danach beim Italiener an der Ecke. Mein Herz wurde schwer, als ich die gelben Häuser sah. Rosen rankten an den Seiten hoch. Die Welt tickte hier, nur ein paar Meter von der Hauptstraße entfernt, ein wenig langsamer als überall sonst in der Stadt.

Konnte ich Hamburg hinter mir lassen?

Ich sah zu meinen Fenstern hoch. Gestern hatte ich sie geputzt, die Schneefiguren waren verschwunden, die Fensterläden kahl. Eine stürmische Zeit sollte zu Ende gehen. Ich vermisste mein Sofa und meine Bilder an den Wänden, den alten Vitrinenschrank und die Karten und Fotos, die an ihm hafteten.

Ich legte mich auf die Dielen und sah an die Decke, die Farbe war abgewetzt. Mein Handy klingelte, doch das Schwelgen in der Vergangenheit hielt mich am Boden fest. Ich atmete die Wohnung tief in mich ein. Meine Hände tasteten die vielen Schrammen und Risse im Holzboden ab. Ich hielt mein Ohr daran, doch er erzählte mir keine einzige seiner Geschichten. Ich hörte das Ticken der Wanduhr und sah meine Zeit dahinschwinden. Als die Sonne beschloss, ihren Kopf zu senken, stand ich auf. Ich kochte mir einen Ingwertee und presste ein Zitronenscheibchen hinein. Der Deckel des Honigglases klebte an meinen Fingerkuppen. Ich öffnete das Glas, schwenkte einen meiner letzten Teelöffel darin und sah zu, wie sich die goldgelbe Süße langsam in meiner Tasse löste. Ich summte mich ins Schlafzimmer, setzte mich auf die Kindermatratze und stellte fest, dass sie ziemlich unbequem war und ich den Holzboden unter meinem Hintern spüren konnte. Na ja, drei Nächte würde ich es noch aushalten. Ich lehnte mich an die Wand und öffnete meinen Laptop. Eine Melodie in meinem Kopf sang mich fast in den Schlaf, als eine Nachricht aufploppte.

Hi Kerin, ich möchte dich wiedersehen. Ich bin morgen in Hamburg und komme dich besuchen.
Liebe Grüße
Till

Schlagartig war ich wieder hellwach und wedelte mir Luft zu. Die Freude hatte sich mit dem Ingwer gemischt und ließ mein Herz höherschlagen. Ich ließ meine Schultern fallen und atmete laut aus. Endlich. Er hatte sich gemeldet. Ein kurzer Klick, meine Adresse war bei ihm, und es dauerte keine 24 Stunden, da klingelte er an meiner Tür.

In einem weißen Hemd stand Till vor mir, groß und stark.

»Hi, schön dich zu sehen«, sagte er mit einem schelmischen Grinsen.

Meine Wangen wurden warm, und ich nahm ihn flüchtig in den Arm.

»Komm rein, es gibt zwar keine Stühle, aber gemütlich ist es trotzdem«, sagte ich etwas zu schnell.

Sein Blick prüfte die neue Umgebung.

»Na, hier ist ja jemand in Aufbruchsstimmung.«

Sein etwas deftiger Unterton ließ mich heimlich schmunzeln. Ich nickte und schlich an ihm vorbei. Mein Arm berührte seine Hand, und ein Schauer überzog meine Haut. Ich griff nach seinem Arm und zog ihn hinter mir her. Bei seinen fast zwei Metern fühlte ich mich winzig klein neben ihm.

»Komm, wir können uns auf die Matratze setzen, ich habe Wein da.«

Tills Lächeln wurde immer breiter, während er mich genau musterte, dann legte er seinen Rucksack auf den Boden und zauberte eine Flasche hervor.

»Ich auch«, zwinkerte er mir zu.

Ich holte den Korkenzieher, und Till öffnete feierlich die Flasche. Seine Haare waren streng nach hinten gestylt, sein Jackett hing locker über meiner Schlafzimmertür, und seine frisch polierten Schuhe standen daneben.

»Ich bin auf dem Weg zu einer Feier, aber an dir komme ich einfach nicht vorbei«, sagte er und stupste mir dabei neckisch mit dem Zeigefinger an die Nasenspitze.

Mit selbstsicherer Miene drehte er sich weg, und für einen kurzen Moment hielt ich den Atem an. Ich schüttelte das Gefühl seiner Berührung ab, für Gefühlsduseleien war nicht der richtige Zeitpunkt. Ich griff nach den beiden Wassergläsern, die ich zuvor auf die leere Fensterbank gestellt hatte, und ließ ihn den Wein einschenken.

»Das sind die einzigen Gläser, die ich noch habe«, sagte ich und verzog das Gesicht.

Er sah mir tief in die Augen und zuckte mit den Schultern.

Wir setzten uns gemeinsam auf die Matratze und sackten auf den Holzboden.

Da waren wir. Zwei Menschen, die einander mochten. Zwei Herzen, die ein bisschen höher schlugen. Zweimal Kribbeln für den Moment. Till aus Mölln und Kerin von Sylt.

Er erzählte mit Begeisterung von seinen Eltern, den deutlich jüngeren Zwillingen und seiner Halbschwester. Seine Freunde, mit denen er über Jahre hinweg sein Leben geteilt hatte, standen ihm sehr nah. Ich lauschte seiner tiefen Stimme. Er drückte sich klar und deutlich aus, wortgewandt und belesen, ich hätte ihm stundenlang zuhören können. Er sprach mit einer solchen Offenheit über seine Werte und Vorstellungen von der Zukunft und offenbarte mir einen kurzen Einblick in sein Herz. Der Wein legte sich auf meine Lippen, in Erwartung, geküsst zu werden.

Till lehnte sich an die Wand und sah mir in die Augen, doch dann schreckte er auf, und die Zweisamkeit verpuffte.

»Oh nein, ich muss los, ich bin schon zu spät!«

Er stellte das Glas beiseite und schlüpfte in die Schuhe.

»Es tut mir leid, ich melde mich bei dir.«

Ehe ich mich versah, stand er angezogen vor mir, nahm mich in den Arm und eilte die Flurtreppe hinab. Alles, was ich noch von ihm hörte, war ein »Tschüss«. Verdutzt schloss ich die Tür und grübelte.

Das war's jetzt? Er war einfach so verschwunden?

Mein Handy piepte. Es war eine Nachricht von Till.

Wie gern wäre ich doch bei dir geblieben, es war kurz, aber schön.

Ein schwacher Trost, aber besser als nichts, dachte ich. Da Hamburg bald nur noch wie ein Wölkchen Staub an meinen Schuhen kleben sollte, war es ohnehin besser, doch plötzlich fühlte ich mich in dieser leeren Wohnung allein. Der Abend war angerissen, doch nach einem Stadtbummel war mir nicht zumute. Ich schwelgte in den Gedanken an meine Hamburger Jahre, doch bevor ich der Lethargie zum Opfer fallen konnte, stand Liv unerwartet vor meiner Tür. Sie hatte sich, im Gegensatz zu Moni, schnell mit meinem Entschluss, die Stadt zu verlassen, abgefunden und konnte den Grundgedanken gut nachvollziehen. Ständig dürstete es sie nach Aufregung und Neuem. In ihren Gedanken schillerten die fernen Städte, die sie noch zu bereisen hatte, doch ihre Zeit war noch nicht gekommen.

Ich war froh, dass sie da war. Während wir bei einem Glas Wein herumalberten, schloss das Tageslicht die Augen. Die Sterne leuchteten im Mondschein auf die Stadt. Der Abend legte sich auf den Lidern der Menschen nieder und summte eine sanfte Melodie. Kinder schliefen in ihren Stübchen, Eltern legten sich erschöpft vom Tag zurück, Singles verabredeten sich auf einen Drink oder kuschelten sich auf die Couch bei einem guten Buch und einer Tasse Tee. Meine Freundin und ich waren in den letzten Zügen unserer Erzählungen, als mich eine Nachricht erreichte.

Ich muss die ganze Zeit an dich denken, soll ich zurückkommen?

Liv war gerade auf dem Sprung und sah mich mit großen Augen an.
»Möchtest du dich wirklich wieder mit ihm treffen? Das führt doch zu nichts.«
Sie küsste meine Wangen, ich lächelte ertappt und verabschiedete mich von ihr.
»Ich überleg es mir, bis bald.«
Ich las mir Tills Nachrichten immer wieder durch. Sollte ich es riskieren? Warum nicht? Er war ein netter Mann, und versprechen würde ich mir von einem weiteren Treffen nichts. Ich zögerte, es war schon spät. Ich musste am nächsten Morgen früh raus, um wieder hinter der Tastingbar am Flughafen Rum auszuschenken und zu verkaufen. Ich sah mich in meinem leeren Zimmer um, und es wurde still. Schnell griff ich nach meinem Handy und antwortete Till mit einem knappen:

Ja.

Gefühlt keine zwei Sekunden später stand er wieder vor mir. Attraktiv und ungebremst. Unsere Augen trafen sich, es wurde warm. Und als unsere Lippen sich vereinten, zwinkerte der Mond uns zu.

Zurück zu den Wurzeln

Da war ich wieder. Zurück in meinem Elternhaus, Hamburg im Rücken, die Ferne im Herzen und mit vielen Erwartungen an die Zukunft. Meine Möbel standen in den Ställen, und ich fand mich in meinem Kinderzimmer wieder. Vor mir hing ein Gruppenbild aus meiner Internatszeit.

Nach dem plötzlichen Tod meines Vaters hatte ich schon einmal das Weite gesucht. Ich wollte unbedingt weg von meinem Zuhause, weg von meiner Schule und weg von all den Menschen, die es nur gut mit mir meinten. Ich konnte es nicht ertragen, wie sich alles entwickelt hatte, also beschloss ich mit 14 Jahren, auf die Deutsche Nachschule Tingleff zu wechseln, ein deutsches Internat in Dänemark, grenznah, in dem achtzig Schüler voller Hoffnung auf die Zukunft zusammen zwischen jugendlichen Liebesbeziehungen und Fleiß lebten und lernten.

Ich sah mir meine alten Mitschüler an. Zu einigen, wie zum Beispiel Wibi, die mich häufig in Hamburg besucht hatte, hatte ich immer Kontakt gehalten. Es war eine der schönsten Zeiten meines Lebens gewesen. Meine erste große Liebe, meine erste Zeit ohne meine Mutter und eine von Freundschaften und Erfahrungen erfüllte Lebensspanne.

Die eine Hälfte der Schüler kam aus Dänemark, die andere aus Deutschland. Mitten in einem kleinen Dorf befanden sich die Gebäude mit getrennten Geschlechtertrakten, wo sich viele junge Liebespaare vor dem Türeschließen zum Abschied küssten. Die Lehrer hatten ein gutes Verhältnis zu uns Schülern, und das Programm ließ wenig Spielraum für Blödsinn. Geregelte Zeiten läuteten das Zimmerputzen, die Gartenarbeit, die verschiedenen Unterrichtsfächer und Nachmittagsunternehmungen ein. Wenn wir auf die Zimmer geschickt wurden, hatten wir noch eine halbe Stunde Lichterlaubnis, dann war Schicht im Schacht. Wie im Jugendknast bewachten die Lehrer unsere Nachtruhe.

Zwischen Küchendienst, Freitagsämtern, in denen alle Räumlichkeiten für das Wochenende auf Vordermann gebracht wurden, Aula, Sporthalle und Musikraum kritzelte man die Namen seiner heimlichen Liebe mit dem Zimmerpartner in die Holzkoje oder trank Tee im Aufenthaltsraum und quatschte mit seinen Mädels. Die einen rauchten in der Raucherecke, die anderen joggten um den Sportplatz, die Hanteln des Fitnessraums glühten, und Musik drang aus den Zimmern. Heimlicher Geschlechtsverkehr und Kiffen inbegriffen – wer bei Letzterem erwischt wurde, wurde von der Schule verwiesen.

Meine Zimmerpartnerin und ich räumten uns jeden Morgen um den Verstand, in der Hoffnung, endlich den grünen Punkt an unserer Zimmertür kleben zu haben. Den grünen Punkt bekamen alle Schüler, deren Zimmer stets aufgeräumt und sauber waren, sie durften bereits vor Abnahme des zuständigen Lehrers den Flur verlassen, während alle anderen stramm neben den Zimmereingängen warteten, bis alles picobello war, erst dann ging es weiter im Programm. Doch was in unseren Augen als ordentlich galt, sahen alle anders. Wir waren diejenigen, auf die andere warten mussten. Ein Chaosteam der Spitzenklasse.

An diesem Ort schloss ich Freundschaften. Ein Mädchen aus Norderstedt und eins von der Insel Rømø wurden zu meinen engsten Vertrauten, doch als in meinem zweiten Jahr Kim von Sylt auf die Nachschule kam und wir uns kennenlernten, sollte sich in meinem Leben einiges ändern. Kim, 16 Jahre jung, mit schwarzem, glattem

Haar, das ihr knapp über die Ohrläppchen reichte, und einer kratzigen Stimme faszinierte mich mit ihrer Selbstsicherheit. Egal, was geschah, sie wischte sich jeden falschen Blick oder schlechten Spruch einfach von den Schultern und ging ihren Weg. Sie hatte ihre Meinung, auch wenn sie damit mal allein dastand. Die Freundschaft zu ihr ermöglichte mir einen sauberen Anschluss bei unserer Rückkehr auf die Insel. Die Internatszeit war vorbei, was mich mehr als traurig stimmte, doch Kim stellte mich und Frieda ihrer Clique vor, und bei allem jugendlichen Leichtsinn und allerlei Gefühlsverwirrungen, die einem manches Mal das Leben erschwerten, stand sie in meiner Brandung für mich ein, stärker als alle Felsen dieser Welt. Mit Spaß, einer gesunden Portion Ironie und dem Herz am richtigen Fleck eroberte sie mit uns den Moment, der einem so weit weg erschien.

Ich ließ von dem Bild ab und lehnte mich an den Fensterrahmen. Nichts war wie früher.

Ob das der Grund gewesen war, zu gehen?

Ob das der Grund war, wieder einmal nicht bleiben zu wollen?

Oder war es die Insel mit ihren beschränkten Möglichkeiten und der Abhängigkeit von Zug und Fähre?

Meine Mutter tobte mit ihrem Border Collie Tessa durch den Garten. Die Fenster des Kuhstalls waren verstaubt, eine Scheibe lag in Scherben. Der Kuhstall stand leer, wie alle unsere Ställe, und die Wiesen waren verpachtet. Ich schluckte. Die Leere, die ich damals verspürt hatte, klopfte wieder gegen mein Herz. Eine Leere, die für immer bleiben sollte, so ist das nun mal mit den Herzen. Fest verankert saß sie mit geballten Fäusten in meinem Inneren, um jedem eine zu verpassen, der sie zu füllen drohte. Wie sehr wünschte ich mich in die Vergangenheit zurückversetzt, um ein letztes Mal eine Umarmung meines Vaters spüren zu können. Ich hätte meine Wange an seine gedrückt, seinem Puls gelauscht und tausendmal gesagt, wie sehr ich ihn liebte. Er hätte ununterbrochen reden müssen, damit ich seine Stimme hören konnte. Ich hätte mit meinem Kater gekuschelt, bei den Tieren im Stall vorbeigeschaut und meine Eltern beobachtet, wie sie sich in den Armen hielten. Ich hätte Oma Matche und Opa Gogge gedrückt, und dann hätte ich mich zu Papa auf das Sofa gesetzt, meinen Kopf auf seine Brust gelegt, seinen Bauch mit meinen Armen umschlungen und seine Haut gerochen, bis die Stunde geschlagen hätte, die mich wieder in die Gegenwart schicken würde.

Mein Handy piepte.

Frieda kündigte sich für früher als erwartet an. Pünktlichkeit war nie eine ihrer Stärken gewesen, doch seit sie Mutter geworden war, glänzte sie mit Überpünktlichkeit, was mir gelegen kam.

Der Kaffee tropfte durch den Filter, und ich legte uns eine Decke in den Schatten unter dem Birnenbaum. Bei den sommerlichen Temperaturen, die an jenem Tag herrschten, saßen wir dankbar unter seinen von Früchten erschwerten Ästen.

Mit einem breiten Grinsen kam Frieda durch die Pforte. Ihre schiefe Haltung zeigte, wie schwer ihr kleines Glück in der Babyschale baumelte, die an ihrem Arm hing.

Frieda war einige Male auf Sylt umgezogen, lebte nun wieder in Westerland und genoss die Nähe zu allen Geschäften, die man im Alltag brauchte. Aufgrund der hohen Mieten stritten sich die jungen Familien über die geförderten Wohnräume, von denen es bisher viel zu wenige gab. Einige siedelten aufs nahe Festland über, gönnten sich ein Eigenheim und fuhren jeden Tag mit der Bahn zum Arbeiten auf die Insel. Das Leben als Schienenscheißer war geprägt von Zugausfällen und vergeudeter Lebenszeit, überfüllten Waggons und gereizten Nerven, doch ein Haus mit Garten war ihnen das wert. Die Heimat bleibt jedoch die Heimat, ein Sylter ist man für immer.

Frieda und ich fielen uns in die Arme, obwohl uns die Klamotten an den Körpern klebten. Ich war so dankbar, sie noch an meiner Seite zu wissen. Meine engste Vertraute duftete nach Blumen. Ich sah ihre kleine Tochter Greta an, die zufrieden in ihrer Babyschale giggelte, und spürte, wie sich ein leichter Film aus Tränen auf meine Augen legte. Ich schluckte und wischte sie weg. Ich war ähnlich gerührt wie kurz nach Gretas Geburt, als ich in Hamburg in den Zug gesprungen war, um das neue Leben zu begrüßen und das Baby, immerhin ein Teil meiner besten Freundin, endlich zu sehen. Während Frieda etwas betäubt in ihrem Bett gelegen hatte, leerte sich ein Kelch gefüllt mit laut schluchzenden Tränen über mir aus. Meine Mutter, die mich begleitet hatte, hielt meinem Geheule stand, bis ich wieder bei Sinnen war und das kleine Baby auf den Arm nehmen konnte. Ich legte sie zaghaft an meine Schulter, lehnte mich zurück und küsste ihre weiche Haut.

»Ich muss unbedingt etwas trinken, ich verdurste gleich«, stöhnte Frieda und stürmte in Richtung Birnenbaum.

Greta lächelte mich aus dem Sitz an, ihr drolliges Gesicht hatte sich verändert. Um meine Küsse kam sie nicht herum. Es dauerte nicht lange, bis wir sie in den Schlaf schnackten. Dass meine Freundin jetzt Mutter war und ganz anders im Leben stand als ich, änderte nichts an ihrem Wesen.

»Und, was ist denn jetzt mit dem Typ, den du kennengelernt hast?« Friedas Augen funkelten voller Neugier.

Ich lehnte mich zurück.

»Er schreibt mir ständig, das ist ja ganz nett, aber ich will mich nicht noch mal treffen.«

Sie schnaufte durch die Nasenlöcher.

Till hatte mehrfach beteuert, mich unbedingt wiedersehen zu wollen. Er wollte mir meinen Wunsch erfüllen und mich nach

Helgoland einladen, damit ich endlich die Lummen beim Springen beobachten konnte, doch ich wich mit armseligen Ausreden aus. Die ersten Flugversuche der Meeresvögel, die in den Felsen oder Klippen schlüpften, wären eine Bootsfahrt durch die Nordsee wert, aber ob ich mich mit einem fast fremden Mann auf einen Wochenendausflug ohne Rückzugsmöglichkeit einlassen könnte, da war ich mir nicht sicher.

»Warum machst du das, Kerin?«, fragte Frieda.

Ich zuckte mit den Schultern.

»Ich möchte ihn einfach nicht wiedersehen. Stell dir vor, ich verliebe mich. Das passt mir gar nicht in den Kram! Oder er gefällt mir nicht mehr, und ich sitze mit ihm auf Helgoland fest.«

Frieda wurde hellhörig.

»Aber das wäre doch klasse. Dann könntet ihr gemeinsam hier leben, und du musst nicht mehr weg!«

»Nein, ich möchte hier nicht bleiben. Das wird mir zu langweilig.«

Sie schnaufte. Greta wurde mit einem Lächeln wach und lachte zwischen uns hin und her. Mein Herz ging auf und ließ sie hinein. Ich schüttelte mich. Gefühlsduseleien sollten nicht an der Tagesordnung stehen, doch es war längst zu spät. Mein Herz schlug schneller, und die Tür blieb offen, gewillt, die Liebe hineinzulassen. Unaufhaltsam drängte sich Till durch diesen Spalt.

Frieda verabschiedete sich, winkte mir noch zu und zog mit ihrer Kleinen von dannen. Die leeren Tassen klapperten in meinen Händen, als ich die Treppe hochstapfte. Die Frage, ob ich Till wiedersehen sollte, spukte mir durch den Kopf. Als hätte er meine Gedanken aus der Ferne gespürt, nutzte er den Moment für sich.

»Jetzt komm mich endlich besuchen!«, forderte Till energisch am Telefon.

Soll ich, oder soll ich nicht?

Ich sah aus dem Fenster. Onkel Jeppe parkte sein Wohnmobil. Max, sein Dackel, sprang mit einem Satz raus und attackierte eine leere Plastikflasche, die hinuntergefallen war.

Ich schmunzelte.

»Okay, nächstes Wochenende komme ich zu dir und fahre danach auf die Kieler Woche.«

Tills Stimme überschlug sich.

»Super, ich nehme mir das ganze Wochenende frei.«

Ich verspannte mich.

»Sorry, aber ich werde nur für eine Nacht bleiben, mehr ist nicht drin.«

»Ich nehme alles, was ich kriegen kann. Ich freue mich!«

Er legte auf. Ich lehnte mich gegen die Gaube.

Während der Hund durch den Garten flitze, parkte Tante Irma ihren Bus auf dem Grundstück gegenüber. Ihr Sommerurlaub empfing sie mit geschwisterlicher Intuition. Onkel Albert stand bei Susi im Gehege und winkte über die frisch gekürzte Hecke zu ihr hinüber. Onkel Jeppe schlich bereits am Wall vorbei, und Tante Hanne fuhr mit ihrem blauen Fahrrad die Straße hoch, während ihr rötliches Haar in der prallen Sommersonne schimmerte. Die Geschwister versammelten sich auf dem Parkplatz, auf dem ein Fest hätte gefeiert werden können, so groß war er. Ich sah den alten Herrschaften, alle inzwischen um die achtzig Jahre alt, dabei zu, wie sie kaum gestikulierten, aber wie immer plapperten. Es war, als wären sie nie gealtert. Dass die Sylter Luft dazu beitrug, wagte ich zu bezweifeln, uns holten die Furchen und Falten ein, aber diese Sippe ließ sich durch nichts unterkriegen. Stundenlang waren sie in ihren Gärten beschäftigt, bastelten an irgendwelchen Motoren oder schraubten und hämmerten an Gartenhütten. Alle hatten stets saubere Fenster, im Gegensatz zu mir. Der Wind hatte mir den Staub und Sand zu einem Mosaikbild an meine Scheibe geschmettert, das Fensterputzen zählte nicht zu meinen Lieblingsbeschäftigungen.

Ein Auto mit fremden Kennzeichen fuhr vorbei, und ich entdeckte Ulrich, einen alten Bekannten, auf dem Beifahrersitz.

Ich runzelte die Stirn und sah ihm nach.

Wo wollte er denn nur hin? Und bei wem saß er da?

Typisch morsumerisch ertappte ich mich beim Fenstergucken. Ich würde meine Herkunft nie leugnen können.

Tjarve stürmte herein.

»Dai! Hier, sag mal, kommst du mit aufs Feuerwehrfest am Samstag?«

Ich erschrak. Das machte er ständig mit mir. Von Anklopfen hatte er noch nie gehört.

»Nein, ich fahre auf die Kieler Woche!«

Tjarves Augen waren das Einzige, was mich an der kleinen blonden Jungen von damals erinnerte. Sein Gesicht hatte die Form eines Mondes angenommen, wie auch sein Bauch, doch unter seinem Pelz waren muskulöse Arme zu erahnen. Das Haar schimmerte silbern, die Sonne hatte es ausgeblichen.

»Mit wem gehst du hin?«, fragte ich.

»Na ja, eigentlich mit dir. Aber da muss ich mit niemandem hingehen, da sind doch alle.«

Er setzte sich mit seinen dreckigen Schuhen auf das Sofa. Ich verzog das Gesicht, seine gute Kinderstube hatte er zu Hause gelassen, wie immer.

Die Dorffeste lockten mich nicht mehr. Damals, im jugendlichen Alter, waren sie ein Highlight des Insellebens gewesen. In Morsum,

Archsum, Tinnum, Wenningstedt und beim Siedlungsfest in Westerland hatten wir es krachen lassen und uns am nächsten Morgen mit
bösen Katern gequält, doch es war, wie Tjarve sagte: Man traf jeden,
und die Veranstaltungen waren ein Muss für den, der nichts verpassen wollte. Dieser Drang hatte bei mir längst nachgelassen, weswegen ich nicht traurig über meine bevorstehende Abwesenheit war.

Tjarve plauderte ein bisschen über die Arbeit, ich erzählte
brühwarm, wen ich eben in einem fremden Auto gesehen hatte, und
er verabschiedete sich. Es würde gewiss nicht lange dauern, bis er
meine Informationen dem Nächstbesten, den er im Kaufmannsladen traf, unter die Nase rieb. Willkommen zu Hause.

Geschnatter auf Sölring ertönte durch die Fenster, als ich sie
mit Schwamm und Handtuch ausgestattet öffnete. Tante Hanne
und Irma saßen draußen im Strandkorb. Ich konnte Kuchen erahnen. Ich begann, die Scheiben zu säubern, und dachte an die Köst-
lichkeiten meiner Tanten. Ich meinte, bereits einen Hauch Banane
und Baiser schmecken zu können. Schnell entschloss ich mich, meine Arbeit liegen zu lassen und die Seitenstraße zu wechseln. Winkend rannte ich meinen Tanten entgegen.

»Hallo, Kerin, sag mal, hast du auch den Ulrich in einem anderen Auto gesehen? Da saß doch eine andere Frau am Steuer!«

Der Tratsch wurde mit sahnigen Schnitten und cremigem Kaffee eröffnet.

Ein paar Tage später verließ ich die Insel, um Till in Mölln zu besuchen. Zu meinem Frust war ich gesundheitlich angeschlagen und sah
ziemlich geschafft aus. Ich haderte mit mir. Konnte ich so zu ihm fahren? Andererseits hatte ich nicht vor, ihn in meine Zukunftspläne zu

integrieren, also hatte ich kaum etwas zu verlieren, und falls es mir nicht gefiel, würde ich einfach den nächsten Zug raussuchen und nach Hamburg fahren. Wohl wissend, dass meine Freundin Annika aus List dort war, mich in Empfang nehmen könnte und mir ein Lachen entlocken würde. Annika und ich waren für den nächsten Tag auf der Kieler Woche verabredet, und während sie sich einen Musicalabend und ein tolles Hotelzimmer gönnte, sammelte mich Till mit seinem alten grünen Golf, der viel zu klein für ihn schien, in Hamburg ein und zeigte mir sein Zuhause. Er war unzählige Male umgezogen, von Schüttorf bei Bad Bentheim, wo noch Teile seiner Familie lebten, bis nach Kiel, danach ins Wendland und dann nach Mölln. Kleine Zwischenstopps und innerstädtische Wohnungswechsel inbegriffen. Seine Wohnung, viel zu groß für eine Person, war spärlich eingerichtet, hatte jedoch Stil. Neben seiner Musikanlage stapelten sich die Platten, alles war aufgeräumt, und ein großes Sofa lud förmlich zum Kuscheln ein. Während er für uns ein Chili kochte, servierte er mir ein Glas Wein. Die Gläser erinnerten mich an die meiner Eltern. Mit einem breiten grünen Griff und einem weiten Körper schwenkte ich den Tropfen in Nostalgie. Das Essen war meisterhaft. Die Würze war perfekt gewählt, und ganz der Gentleman, räumte Till nach dem Mahl alles wieder weg. Wir kamen uns näher, und als er seinen Arm um mich legte, merkte ich, wie mein Herz immer höher für ihn schlug. Und als ich des Abends neben ihm lag und sein Atem meinen Hals kitzelte, reisten all meine Pläne ohne mich in eine neue Stadt. Er küsste mich zärtlich, und aus uns wurde ein Wir.

Till besiegte mich im Kampf um meine Gefühle, und alles änderte sich.

Kurzerhand suchte ich mir ein WG-Zimmer in Hamburg, pendelte zwischen Insel und Stadt, Till im Schlepptau, und verköstigte wieder die Reisenden an meiner Tastingbar am Flughafen. Till folgte mir nach Hamburg oder Sylt und bemühte sich zeitgleich, auch Mölln noch gerecht zu werden. Wien und Kopenhagen waren weg aus meinem Kopf, dafür ein Mann an meiner Seite.

Die Zugfahrten nervten. In den Sommermonaten waren die Waggons überfüllt, und bei anderen auf einem Ticket mitzufahren, war nicht mehr so leicht wie vorher. Während sich sonst Menschentrauben mit fragenden Gesichtern in Hamburg-Altona am Ticketschalter getroffen hatten, um eine Fahrgemeinschaft zu bilden, musste man mittlerweile für jede Person extra zahlen. Mit dieser Veränderung ging auch einher, dass die Bahn immer unpünktlicher wurde, was alle Pendler vom nahen Festland und alle anderen Bahnfahrer elendig schimpfen ließ.

Till und ich lernten Hamburg von einer neuen Seite kennen. Romantische Nächte im Tierpark Hagenbeck und Essen beim Griechen, während Fußball lief, gehörten plötzlich mit dazu. Musicalbesuche wurden interessant, wir machten Städtetrips und flanierten durch mediterrane Gassen. Das Fliegen verspannte meinen ganzen Körper, als Steinbock liebe ich den Boden unter den Füßen, doch zwischen Sardinien, Edinburgh, Teneriffa, Irland und Norwegen hielt uns nichts. Das Reisen war eine Leidenschaft, die wir, wie die für gutes Essen und Zweisamkeit, teilten. Oft stand ich bewundernd neben dem großen Mann und musterte ihn voller Begeisterung, während er mir erklärte, wie ich eine Angel auszuwerfen hatte. Wir waren auch regelmäßig auf Sylt, dort gingen wir es ruhiger an, ließen uns von der Landschaft verzaubern, spazierten an der Brandung und küssten uns im Sonnenuntergang.

Eines Morgens saß Till mir in Hamburg beim Frühstück gegenüber. Die Küche in meiner WG war spärlich eingerichtet, mein Mitbewohner kaum zu Hause. Tills Blick war ernst. Bereits nach dem Aufstehen hatte er gewirkt, als würde ihn etwas bedrücken. Ständig war er meinem Blick ausgewichen. Ich legte mein Marmeladenbrötchen zur Seite und wischte mir die Hände an der Hose ab.

»Till, was hast du?«, fragte ich, die Angst vor der Antwort im Nacken.

Er sah beiläufig an mir vorbei. Er hatte endlich einen freien Tag, und der Plan war, ihn gemeinsam zu verbringen.

»Ach, alles gut.«

Ich sah auf die Uhr. Der Tag war blutjung. Ich setzte mich aufrecht an den Tisch und knetete mir das Kinn. In der Spüle türmte sich der Abwasch. Die zweite Amtshandlung nach dem Frühstück.

Während mein Freund vor sich hin kaute, zog ich eine Schnute und spielte mit einer Haarsträhne aus meinem Zopf. Tills Räuspern ließ mich zusammenzucken.

»Kerin, so geht es nicht weiter. Es tut mir leid.«

Ich sah ihn verdutzt an.

Wie konnte er das sagen? Wir waren wie füreinander geschaffen! Endlich hatte ich mein Herz geöffnet und liebte jemanden so sehr, das durfte niemals enden!

Seine Augen sahen müde aus, sein Blick war hart.

»Das nervt mich alles. Diese ständige Pendelei und diese WG hier. Wir müssen etwas ändern, wir müssen zusammenziehen!«

Ein Krümel verirrte sich in meine Luftröhre.

Das war es also! Ich hustete.

Er reichte mir ein Glas Wasser und klopfte mir auf den Rücken.

»Alles gut bei dir, mein Herz?«, fragte er.

Ich nickte und rang nach Luft.

»Willst du mit mir zusammenziehen?«

Ich bekam keinen Ton raus, nickte aber zur Bestätigung heftig. Als ich wieder Luft bekam, fiepte ich nur: »Ja, das möchte ich.«

Ich fiel in das Polster des Sperrmüllsessels und blickte dankend an die Decke.

Till grinste.

»Du möchtest also auch?«

Ich gab ihm einen Kuss.

»Auf jeden Fall. Wir müssen uns nur überlegen, wo. Sollen wir in Hamburg bleiben oder möchtest du woanders hin?«

»Na ja«, sagte er und nahm meine Hand, »ich bin dafür, dass wir nach Sylt ziehen. Du hast so ein schönes Zuhause, wir haben dort eine Wohnung, das Meer ist uns so nah, und wir müssen nicht in einer Stadt versauern!«

Ich runzelte die Stirn. Sylt war zwar ganz schön zum Genießen, aber zum Leben?

»Und was möchtest du da beruflich machen? Als Produkttrainer kommst du dort nicht weit, außer du bist unter der Woche ständig weg.«

Till schulte im norddeutschen Raum die Mitarbeiter von Elektrofachhändlern, was viel Zeit in Anspruch nahm. Meine Selbstständigkeit und Unabhängigkeit, die das Promoleben mit sich brachte, und die Vorzüge der Stadt würden mir mit diesem Entschluss genommen werden. Karrierepläne, an denen ich wieder andocken wollte, müsste ich abhaken. Meine zentral gelegene WG mitten im pulsierenden Leben des Hamburger Schulterblatts ebenfalls. Stattdessen gähnende Leere.

Er zuckte mit den Schultern.

»Na und? Erfolg ist doch nicht alles. Lass uns die Zeit gemeinsam genießen und uns neu erfinden. Wir könnten imkern.«

Ich lachte.

»Imkern? Wir? Wie kommst du denn da drauf?«

Er erzählte mir von einem Buch aus Kindheitstagen, welches ihn nachhaltig geprägt hatte, und dass ihn die Imkerei immer schon fasziniert habe. Er hatte das Buch von seiner Großmutter geschenkt bekommen. Es handelte von einem Bienenschwarm, den ein Junge mit seinem Nachbarn eingefangen und aufgebaut hatte.

»Du hast gesagt, dass du es furchtbar fandest, als alle Tiere verkauft wurden. Lass uns irgendwo anknüpfen. Die Bienen werden ein Anfang sein, wer weiß, wie es sich entwickelt.«

Da hatte er recht. Als mein Vater verstorben war und wir die Tiere verkaufen mussten, zusammen mit dem Trecker und sämtlichen anderen Gerätschaften, in denen er hätte weiterleben können, brach es mir das Herz.

Er zog mich zu sich hinüber.

»Glaub mir, es wird dir gefallen. Die Städte dieser Welt können wir doch jederzeit besuchen, doch das, was du da zu Hause hast, ist viel mehr wert. Deine Familie und das Dorfleben. Morsum ist ein Traum.«

»Aber es ist so ruhig!«, wehrte ich ab.

Er streichelte mir über die Wange.

»Das ist doch das Schöne! Glaub mir, wir kommen da endlich zur Ruhe. Ich brauche nicht den besten Job, ich brauche dich an meiner Seite, ein paar Bienen, und dann bin ich glücklich.«

»Aber du magst doch gar keinen Honig.«

Er schnalzte mit der Zunge.

»Na und, den kannst du ja essen.«

Seine Entschlossenheit hatte etwas Entwaffnendes.

Nach ein paar Tagen Bedenkzeit willigte ich ein. Einen Versuch war es wert, doch einfach sollte es nicht werden.

Wo fährt die nächste U-Bahn?

Sylt klatscht freudig Applaus, wenn ein Insulaner seinen Weg zurückfindet. Es dürstet die Insel nach den Einwohnern, die einst das Weite gesucht haben, um woanders ihre Erfahrungen zu sammeln. Mit klatschenden Wellen wird ein jeder wieder offenherzig empfangen. Sandkörner umschmeicheln die Füße, die längst ausgewachsen sind, und die friesische Luft bläst den Rückkehrern ihre Freude ein. Eltern schließen ihre Kinder wärmend in die Arme und laben sich in ihren Plänen, auf der Insel wieder Fuß zu fassen. Ein »Moin« verlernt man nie, egal, wie weit die Ferne an einem gezerrt hat. Herb begrüßend nimmt selbst der desinteressierteste Miesepeter den Sylter wieder in dem Rudel auf, in dem jeder seinen Platz hat. Wie ein Kornfeld hält die Insel an ihren Körnern fest, liebevoll genährt und gezählt und beim Wachsen beobachtet, wird jeder Rückkehrer von ihr mit einem salzigen Kuss begrüßt und willkommen geheißen.

Alle, die es nicht schaffen oder nicht schaffen wollen, behält sie in frommen Gedanken und schleicht sich manches Mal in die Sehnsucht ihrer Herzen.

»Ich fasse es nicht, jetzt hocke ich hier in Morsum, du pendelst durch die Weltgeschichte, und keine U-Bahn weit und breit!«

Ich stampfte durch die Wohnung. Till verstummte am anderen Ende der Leitung, doch sein schwerer Atem erreichte mein Gehör.

»Das frustriert mich total. Mir fehlen die Möglichkeiten, keiner meiner Freunde wohnt um die Ecke, mein Job fordert mich keineswegs, und dann bist du noch nicht mal hier!«

Zwei Monate waren vergangen, seit wir nach Sylt zurückgekehrt waren. Wir wohnten im Haus meiner Eltern, in der Wohnung, in der ich aufgewachsen war. Zurück in meinem Kinderzimmer. Meine Mutter hatte, nachdem die alten, grün gemusterten Tapeten und verlebten Badezimmerfliesen entsorgt worden waren, die Wohnung von Oma Matche und Opa Gogge unter uns bezogen. Der Geruch meiner Großeltern verschwand allmählich, während der meiner Eltern bereits verblasst war. Till fuhr montagmorgens mit dem Zug aufs Festland und reiste weiterhin zu seinen Produktschulungen im Umland, bis die Bahn ihn mir am Freitag wieder zurückbrachte. Ich ging nach längerer Zeit als Selbstständige wieder ein Beschäftigungsverhältnis ein. Die kleine, schnuckelige Seifenmanufaktur, in der ich jobbte, verbreitete ihren frischen Geruch bis zu den Gleisen am Bahnhof von Morsum. Jeden Wochentag genoss ich den Spaziergang zu meiner neuen Arbeitsstelle, wo der Verkaufstresen auf mich wartete. Der Laden war sehr klein und eng, doch meine Chefin hatte ihren ganz persönlichen Stil und das Talent, mit ausgewählten Produkten ihre Kunden zu erreichen. Die Köchin der Seifen mischte in der angrenzenden Küche an ihren Geheimrezepten und fertigte jedes einzelne Stück Seife per Hand und mit viel Liebe an. Keiner durfte sie beim Anmischen überraschen, und während sie die Masse rührte, verträumte sie ihre Zeit. Der Laden platzte schnell aus allen Nähten, die Kunden schätzen die raffinierten Ideen und standen teilweise bis vor die Tür Schlange, um mit einem der Stücke Sylts ihre Hände zu waschen. Rapshonig mischte sich mit dem Geruch von Rosenblüten, Meersalz und Sylter Heide und schmeichelte sich in die Nasen, wenn die Küchentür für einen Moment aufging. Wenn die Seifen frisch auf den Blechen lagen, um in Form gebracht zu werden, dann hoffte ich, dass ich dem Verkauf für eine kurze Zeit entkommen und in der Küche verschwinden durfte. Doch dass Till mich unter der Woche zurückließ, langweilte mich. Es war genau das, was ich nicht gewollt hatte.

Er brach sein Schweigen.

»Es tut mir leid. Wir werden eine Lösung finden, das verspreche ich dir!«

Ich verabschiedete mich knapp, schimpfte und schmiss ihn aus der Leitung. Morsum hatte mich zurück, doch was war das für ein Morsum? Meine alte Clique existierte nicht mehr, jeder lebte seinen eigenen Trott, und mir machten die Stille und die dunkle Nacht Angst. Keine Menschenseele weit und breit. Selbst wenn ich vorgehabt hätte, mich auf ein, zwei Bier mit Frieda und Annika in Westerland zu treffen, fuhren die Züge nur jede Stunde, und auf dem Weg zum Bahnhof musste ich den Buschimannweg passieren. Eine vereinsamte Straße, wo einem der Wind gruselige Lieder um die Ohren blies, ohne Laternen und mit einem Busch, hinter dem der Buschimann warten könnte. Das klang nicht sehr verlockend. Mein Job in der Seifenmanufaktur war schön, doch was ich mir zuvor einteilen konnte, wo ich leitende Positionen vorzuweisen hatte oder die Freiheit, für den kommenden Monat zu planen, blieb aus. Um meine Freundinnen zu treffen, blieb mir nichts anderes übrig, als das Auto zu nehmen und zwischen List und Westerland hin- und herzukurven.

Doch mein Herz öffnete sich mit der Zeit wieder für diesen Fleck Erde. Till folgte mir schließlich ganz auf die Insel, und der Gedanke, den Hof wieder mit Tieren zu beleben, schwirrte uns wie Bienen durch die Köpfe.

Sylt lief auf Hochtouren. Weitere Gäste, die sich mit Zweitwohnsitz auf der Insel meldeten, ließen ihre frisch erbauten Häuser betreuen, weil die Zeit zum Hinfahren fehlte. Gartenbaufirmen sprossen wie Frühlingsblumen aus der Erde und übernahmen das Jäten und Wässern für jene, die kaum da waren, um sich an ihren Gärten zu erfreuen.

Am Bahnhof von Westerland standen dort, wo man einst mit dem Auto bis an den Eingang heranfahren konnte, grüne Riesen Kopf, und es ließ sich locker darum streiten, ob diese Kunst gelungen war. Keitum wurde dank der Umgehungsstraße von den Sylt-Ost-Besuchern verschont, und die Einwohnerzahl der noch verbliebenen Sylter wurde weniger wie die Sandkörner am Strand. Von den knapp zwanzigtausend Einwohnern lebten 1.100 in Morsum. Ganze Orte waren im Winter wie leergefegt. Die Grundstückspreise waren die höchsten des Landes, und eine reetgedeckte Villa galt vielen Wohlhabenden als Prestigeobjekt. Vollkommen verständlich bei der Schönheit dieser Insel. Doch in Morsum schienen die Uhren manchmal stillzustehen. Die Einwohner bemühten sich, ihre Kultur durch Vereinsarbeit und Feste zu wahren und zu vertreten, und die Morsumer waren gewillt, Morsumer zu bleiben.

Das Fahrradringreiten auf unserer Wiese hatte längst ausgedient. Es war eine Veranstaltung, die dem traditionellen Ringreiten geähnelt hatte. Doch anstatt aufs Pferd waren alle mit Lanzen bewaffnet auf ihre Blechstuten gestiegen. Man radelten nacheinander unter dem Galgen – zwei Holzpfähle mit einem Band verbunden – hindurch, an dem ein Ring hing, der nur darauf wartete, von einer Lanze gestochen zu werden. Frodo hätte sich gefreut, wäre seine Reise so einfach gewesen. Morsum statt Mordor. Zudem wurde immer wieder für das Löschen des Durstes gesorgt, was die Teilnehmer sich durchaus orkisch unter dem Ring durchschlängeln ließ. Nach ein paar gefährlichen Stürzen war es meine Mutter leid, dieses Spektakel auf unserer Wiese auszurichten. Es fand sich kein Nachfolger, und der Rasen blieb unbefahren.

Dafür lebt der Morsumer Ringreiterverein für seine Tradition und hält seine Dörflinge beisammen. Seit knapp 135 Jahren sammeln sich die Amazonen abwechselnd mit den Herren auf ihren Pferden, um in grüner Uniform die Mähnen am Muasem Hüs zu striegeln. Jugendliche Jungen und Mädchen rennen aufgeregt zwischen den Hufen umher, passen in den Pausen auf die Tiere auf und verteilen Wasser und Äpfel. Eines der Vereinsmitglieder hält eine Rede, während die Pferde mit den Nüstern schnauben. Es folgt ein Umzug mit wehenden Fahnen und schwenkenden Schweifen durch das Dorf. Die Augen der Kinder werden immer größer, je näher die Tiere an ihnen vorbeikommen. Und wenn alle auf ihrem Platz zurück sind, der Musikverein seine Lieder anstimmt, das erste Pferd im Galopp loslegt und der Reiter seinen ersten Ring, der am Galgen häng, sticht, dann tönt Applaus durch die Zuschauerreihen und lockt neugierige Menschen von den Straßen an.

Der Sommer löschte das Licht. Die Blätter segelten vertrocknet von den Ästen, und die Nächte breiteten sich in die Weite. Die kleinen Kochbirnen fielen von unserem Baum, während der Wind an ihm rüttelte. Der Ast, an dem einst meine Kinderschaukel, ein alter Schlauch vom Reifen des Treckers, an einem Tau gebaumelt hatte, drohte zu brechen. Der Herbst nagte an unserem Familienmitglied, bis er nackig war.

Die Insel wurde dunkler, die Türen waren verschlossen. Nach den Herbstferien schlich sich eine Stille ein – nicht wie damals, als die Gäste noch in den dunklen Monaten, im verregneten, grauen November, fortblieben, aber ähnlich. Die Sylter waren müde von der zehrenden Saison, ausgelaugt und geschafft. Diesiges Schmuddelwetter färbte die Äcker und das Licht in ein träges Grau, und ein jeder bemühte sich, mehr Zeit für sich zu gewinnen. Zeit zum Durchatmen, Zeit zum Ruhen. Während der Regen Pfützen auf die Straße zauberte und gegen die Fensterscheiben prasselte, spürte die Insel nach. In Blätter getunkte Sturmböen peitschten um die Häuser, während die Heizungen glühend versuchten, die alten Friesenkaten zu erwärmen. Der Winter zog ein.

In unserem ersten gemeinsamen Winter auf der Insel kosteten wir von unserer Liebe, mümmelten uns in dicke Wolldecken, tranken Tee und ließen uns den Kopf durchpusten, bis die Tage wieder heller wurden.

Summ, summ, summ

Ich zog mir den Imkeranzug von Till über und brach in Gelächter aus. Die Ärmel hingen mir bis zu den Kniekehlen, und der Po schlabberte gegen meine Waden.

Ich runzelte die Stirn. Till beugte sich über mich und setzt mir den Hut des Anzuges auf.

»Mach ihn bloß richtig zu«, sagte ich mit einem kleinen Kloß im Hals.

»Nur keine Angst, Kerin, die tun dir nichts, du darfst nur nicht nervös werden.«

Witzig, dachte ich.

Till war ein halbes Jahr lang einmal im Monat für seinen Imkerschein aufs Festland gefahren und hatte ihn jetzt endlich in der Tasche. Lautes Summen ertönte von unseren ersten drei Völkern, die wir in Kiel bei einem Imker gekauft hatten. Ich küsste Tills Oberarm, wie immer, wenn ich neben ihm stand, der war gut erreichbar. Das schwarze Gitter vor meinen Augen rückte näher. Ich zog die Handschuhe an und rückte den Hut immerzu nach vorn, damit sich keine Stechwütige auf meine Nasenspitze verirrte. Der Duft des Rapses kitzelte meinen Heuschnupfen hervor, der pünktlich mit dem April in seiner vollen Blüte stand. Das gelb leuchtende Feld roch nach Vorfreude auf den Sommer. Die Beuten, die grün gestrichenen Styroporhäuschen der Bienen, standen am Feldrand, und die fleißigen Sammler surrten an mir vorbei.

»Du stehst in der Flugschneise«, sagte Till, und ehe ich mich versah, flogen sie mir haufenweise gegen den Hut. Die Autobahn der Insekten.

»Ganz schöne Raser, unsere Bienen.«

»Das sind harte Arbeiter. Jetzt geh mal zur Seite, du bringst sie noch ganz durcheinander.«

Prompt flog eine gegen das Gitter vor meinen Augen, taumelte kurz und zischte wütend weiter.

»Ups, entschuldige!«, sagte ich und huschte hinter Till her.

Wir stellten uns neben die Einfluglöcher, an denen reges Treiben herrschte. Tausende von Flügelschlägen lärmten durch die Stille. Die kleinen Tierchen flogen mit Pollen an den Hinterbeinen hinein und kamen ohne wieder hinaus.

»Sie sehen gestresst aus«, sagte ich.

Till lachte.

»Na klar, gestern hat es geregnet, heute steht die Sonne prall am Himmel, das ist die beste Zeit, um Honig zu sammeln. Das wissen sie genau.«

Wie Spanner hoben wir das Dach ihres Hauses, den Deckel der Beute, und starrten den Bienen in ihre Stübchen. Auf den einzelnen Waben wurde hart gearbeitet.

»Da ist die Königin, siehst du?«

Meine Mundwinkel zuckten. Die Bienenkönigin tummelte durch ihre Hauptstadt. Sie war größer und kräftiger als die anderen und tatsächlich gut als die Chefin auszumachen.

Till grinste voller Zufriedenheit und rieb sich die Hände. Er nahm jede Wabe einmal hoch, während die Bienen unbeirrt weiter ihrer Arbeit nachgingen, und zeigte sie mir mit stolzgeschwellter Brust. Ich zog meinen Handschuh aus und durchbrach die Wachsschicht, die die vollen Kästchen schützte, bis sie nachgab und der Honig hinaustropfte. Ich sah Till grinsend an, schloss die Augen und leckte die goldige Gabe von meinem Finger. Süß und klebrig verteilte sie sich in meinem Mund.

Till musterte mich erwartungsvoll. Hinter ihm zog eine Schar Vögel vorbei, und Schafe standen gemeinsam mit ihren Lämmchen auf dem leuchtend grünen Deich. Ein Tag in Morsum, fernab von Stadtgeplärre, Abgasen und Hochhäusern. Ein perfekter Tag. Dank der aktiven Landwirtschaft des Dorfes schossen die Rapsblüten aus den Böden. Wir schlossen die Beute, lauschten dem Summen der Bienen und küssten uns am Wegesrand.

Nach einer Woche gingen wir das erste Mal in die Produktion. Zappelig fuhren wir unsere Beuten nach Hause und nahmen die Honigschleuder in Betrieb. Meine Mutter schlich um uns herum, um den Start für die Imkerei nicht zu verpassen. Gemeinsam mit ihr hatten wir unsere Küche für das Honigschleudern vorbereitet. Ein Wabenhalter und ein Entdeckelungswerkzeug, das wie ein Kamm aussah, standen auf einem Tisch und warteten auf das erste volle Rähmchen. Unter Keuchen schleppte Till die Honigkisten die Treppe hinauf, während meine Mutter und ich mit frisch gewaschenen Händen Spalier standen. Er zog die erste Wabe hinaus, löste die Wachsdeckel der Bienen und legte sie in die Schleuder. Honig tropfte aus ihr heraus.

»So die Damen, ran an die Geräte, jetzt machen wir Honig«, sagte Till und verteilte die Aufgaben, die wir mit viel Schnack erledigten, während uns Musik im Hintergrund die Beine lockerte.

Mit offenen Mündern standen wir vor Till, als er den Hahn öffnete und unser erster Sylter Honig durch ein Sieb tropfte. Ein Raunen zog durch den Raum.

Es dauerte eine weitere Woche, in der wir ständig rührten und rührten, bis der Honig cremig glänzte. Als wir den Honig zum ersten Mal in die Gläser abfüllten, konnten wir uns gar nicht daran sattsehen, die Freude war riesig. Mit stolzer Brust erzählten wir es jedem, der es hören wollte, und verteilten unsere Kostproben im

Bekanntenkreis. Ich gründete die Imkerei, und wir ließen Etiketten drucken.

Die Anzahl der Völker stieg, und nach dem Raps siedelten die Bienen nach Keitum um, wo die Gärten vor Blumen strotzten.

Danach verschwanden sie in der Lister Heide, weit ab von Straße und Tourismus, in einer der größten Heideflächen Deutschlands, um den reinsten Nektar in sich aufzusaugen. Dass eine Biene in der Saison nur sechs Wochen lebte, erschütterte mich. Sie hatten ein kurzes und hartes Leben. Während Till die Kontrolle der Bienenvölker übernahm, kümmerte ich mich um das Abfüllen und den Verkauf. Wir belieferten einige Hotels auf der Insel, und auch in den Geschäften fand unser Honig Absatz. Till lebte seinen Traum, und auch mir machte es Spaß, mit ihm gemeinsam etwas aufzubauen. Unsere Familie und Freunde freuten sich über Honig aus erster Hand, und unser Stolz wuchs mit der Anzahl der Bienenstöcke.

Sylt meinte es gut mit uns.

Wir lebten uns mit der Zeit wieder im Dorf ein. Meine Freunde lebten zwar in anderen Ortsteilen der Insel, aber man hielt einen Schnack auf der Straße, traf sich auf Festivitäten und fühlte sich schnell wieder heimisch. Plötzlich war ich froh, dass es hier keine U-Bahn gab und wir am Rande des Dorfes in Ruhe leben konnten.

Wie jedes Dorf brachte auch unseres eine Vielfalt an Persönlichkeiten mit sich. Hier und da schoss mal einer quer, einer war immer der Grummelkopf, und die andere die Schnapsdrossel. Jede Gemeinschaft hat ihre Mitglieder. Die ruhigen Vertreter, die besonders lauten, die Spinner und die Herzlichen, die Gütigen und

Freundlichen. Eine bunte Tüte Bonbons, für jeden Geschmack etwas dabei. Ich erwischte mich dabei, wie ich ständig aus dem Fenster guckte, um zu sehen, was auf der Straße passierte. Ganz klar, ich war eine Einheimische. Leugnen zwecklos. Nicht, dass ich mich je schämte, eine Sylterin zu sein, doch ich ertappte mich dabei, wie ich des Öfteren auf die Herkunftsfrage schlichtweg »Nordfriesland« antwortete. Die ständigen Anmerkungen über die Insel, die angeblich in Geld schwamm, gingen mir auf den Senkel. Dass Hans und Franz hier ganz normal vor sich hinlebten, manches Mal am Limit ihres Kontos, dass die Arbeitsbedingungen nicht immer human waren, das hatte ich zu oft erwähnen müssen. Ob in Hamburg oder auf meinen Reisen. Als ich im Jugendalter mit meiner Mutter auf Mallorca einflog, bestaunten uns andere Urlauber aufgrund unserer Herkunft. Wozu in den Urlaub fahren, wenn man auf einer Urlaubsinsel wohnt? Aber wir mussten den Abreisestaus, den leer geräumten Grillfleischtheken, den überfüllten Einkaufsstraßen und elendigen Schlangen beim Einkaufen ab und an den Rücken kehren, um diesem Wahnsinn zu entkommen. Und wir wollten einfach nur weg, ab in die Sonne und frei haben. Sylter, die Mallorquiner Deutschlands, sind eben auch nur Menschen, mit dem Unterschied, dass die Gäste auf unserer Insel das Geschimpfe verstehen. Etwas weniger Strümpfe in den Sandalen und Partnerlook, dafür mehr Sonne und braun gebrannte Männer waren nicht die schlechtesten Aussichten. Dafür stiegen wir gerne in den Flieger. Tausche Becker gegen Nadal.

Die Touristen auf Sylt bringen Leben in die Bude, wenn sie nicht gerade über das Wetter an der Nordsee meckern, versorgen viele Menschen mit Arbeitsplätzen und sind bereit, Geld auf der Insel zu lassen. Klar, sie verstopfen die Straßen, wenn sie die Landschaft betrachtend mit vierzig Stundenkilometern auf der

Keitumer Landstraße oder mit zwanzig Stundenkilometern durch die Dörfer zuckeln. So manch ein Sylter tuckert dann mit pulsierender Hauptschlagader hinterher, weil Arbeit, Kinder, Verabredungen oder Termine anstehen. Alternativ schmilzt der Einkauf im Kofferraum. Doch wenn das alles nicht der Fall ist, lohnt es sich, sich zurücklehnen und das Dorfleben und die Natur wahrzunehmen. Wenn der Mäusebussard beim Anflug fast in den Rasen taucht, eine Entenschar auf den Wiesen rastet, die Sonne die Reetdachhäuser kitzelt und die Kühe miteinander kuscheln, wächst die Freude für den Moment, für die Schönheit, für den Tag, für das Leben und jede seiner Minuten.

Doch wenn die älteren Herrschaften einmal im Jahr ihre Fahrräder satteln und wie betrunken über die Fahrbahn schunkeln, sollte man schleunigst, aber vorsichtig vorbeifahren, bevor noch ein Unglück geschieht. Wenn ein Gast auf das beste Wetter hofft und über Regen schmollt, wenn die Mundwinkel hängen, weil die Unterkunft zu wünschen übrig lässt, und ihnen deshalb kein »Moin« über die Lippen huscht, ist das schade, aber einem Sylter könnte es im Urlaub ähnlich ergehen. Wir sind wie alle – einfach nur Mensch. Mit allen Emotionen, Erwartungen, Gefühlen und Gleichgewichtsstörungen. Im Taumel des Urlaubs, berauscht von dem Gefühl von Freiheit. Und wohin fahren oder fliegen wir in den Urlaub? Natürlich zu den schönsten Orten, die irgendwann überlaufen sind, sobald die Schönheit sich rumgesprochen hat, wie auf Sylt oder wie auf Mallorca.

Mit dem Lauf der Zeit freundete Till sich mit Tjarve an. Tjarve war aus unserer Nachbarschaft weggezogen und hatte einige Jahre in Westerland gelebt, doch das Dorf rief unaufhörlich nach ihm. Schließlich fand er seinen Platz auf unserem Hof, Tür an Tür lebten wir mit ihm in dem alten Bauernhaus, teilten uns den Garten mit meiner Mutter und ihrem Partner und wuchsen zu einer Gemeinschaft zusammen. Meine Mutter kochte gerne für uns alle, wenn wir es mal zuließen. Der alte Birnenbaum erzählte uns Geschichten von vergangenen Zeiten, wenn wir unter ihm saßen, bevor die Früchte von den Ästen fielen. Auf dem Reet bildete sich Moos, und das Wattenmeer lächelte uns im Wechsel der Gezeiten zu. Mit sportlicher Absicht joggte ich jeden Tag in Richtung Steilküste. Es dürstete mich nach der reinen Luft und der blühenden, unberührten Natur. Wenn meine Stirn sich in Schweiß tauchte und die Küste von Keitum bis nach List vor mir lag, trugen mich meine Beine wie von selbst.

Wie hatte ich nur fortgehen können?

Es war der perfekte Ort, um das Leben zu leben. Jeden Tag entdeckte ich die Schönheit aufs Neue, das Wetter kleidete die Landschaft, das Kliff, die Büsche, die Felder, die Dünen und das Meer in unzählige Facetten.

Eine Einzigartigkeit, speziell und unverbraucht, ein Ort, an dem die Liebe auf den Sträuchern zu wachsen schien. Sonntags brachen Till und ich zu unserem traditionellen Nachmittagsspaziergang auf. Wir kurvten mit dem Wagen durch die Keitumer Wiesen, durchquerten Rantum, bis nach Hörnum, wo Willi, die Kegelrobbe, das Hafenbecken bewachte. Wir aßen Muscheln, frisch gefangen und gekocht, an einem kleinen Büdchen und spazierten die Odde entlang. Die Küste darbte durch die Sturmfluten an Sand, die Strecke wurde immer kürzer, und die Wege immer schmaler. Doch an der Spitze angekommen, wo die Wellen im Herbst aufeinander einschlugen und allen Kummer davonspülten, zeigte sich einmal mehr, wie winzig wir neben dem großen Ganzen waren. Wir liefen die Strecke am Strand bei Regen und bei Sonne. Bei Wind und auch bei Eis, und auch dort färbte das Wetter die Natur jeden Tag in ein neues Licht. Nach Föhr winkend an Seehundköpfen vorbei, die uns mit großen Augen musterten, barfuß oder in Winterstiefeln. Orte für die Jahreszeiten, für die Welt, für das Leben, für immer. Überall auf Sylt waren sie zu finden.

Tills Schwester erlebte mit uns die erste Wattwanderung, während Seetang auf unserer Zunge zerging und Sand zwischen den Zähnen knirschte. Bündel von Queller verschwanden in unseren Taschen, um dem Salat den salzigen Schliff zu verleihen. Eine Delikatesse für den Gaumen, abgeschnitten und niemals entwurzelt, mundete gedünstet zu Kartoffeln oder Nudeln.

Liebesgeflüster

Das Heidekraut der Insel hatte ein sattes Violett zwischen das Dünengras gemischt, die Bienen flogen durch den August und tranken aus den Blüten.

Ich kroch ins Bett. Der Geburtstag meiner Mutter war lang gewesen. Wieder ein Jahr älter, wieder ein neues Lebensjahr angebrochen. Und es sollte ein besonders schönes werden, mit mir, der erwachsenen Frau Anfang dreißig, immer in Mamas Nähe. Ein Kind bleibt man immer, wie auch Mutter.

Als ich mich zur Seite drehte, schwummerte mein Kopf. Wie jedes Jahr hatten wir an diesem Tag das beste Wetter gehabt, weswegen die ersten Gäste am Nachmittag eingetrudelt waren und im Garten ihre Lager aufgeschlagen hatten. Zu später Stunde feierte sich die fröhliche Gesellschaft in die Halle, unsere alte Scheune, wo die Schafe damals mit ihren Lämmern in ihren Parzellen gelegten hatten, um das neue Leben zu genießen. Dort wurde alles gefeiert, wie die hölzerne Hochzeit meiner Eltern. Man saß auf Heuballen, führte selbst gereimte Lieder vor und trank bis zum Schunkeln. Alles war mit Spänen bedeckt, selbst in unserer Wohnung fanden sich welche. Ein Jux der Freunde meiner Eltern. Meine Mutter lud nie zu ihrem Geburtstag ein, die Freunde wussten, wann es nach Würstchen vom Grill duftete. Man kannte sich seit Jahren, und sie kannten mich. Vom kleinen süßen Mädchen zur sturköpfigen Jugendlichen bis in mein Erwachsenenalter. Die eine Klamottensünde, den anderen Fauxpas in der Selbstfindungsphase hatten sie mit rollenden Augen beobachtet, wie es sich für einen Dorfbewohner gehörte. Im Wandel seiner eigenen Zeit, ein Prozess, den alle Menschen durchleben und der im besten Fall nie endet, auf Sylt bekam es nur jeder mit.

Ich streckte mich in meinem Bett, und Till legte sich dazu. Seine warmen Lippen küssten mich. Ich legte meinen Kopf auf seinen Arm und sah ihm in die Augen. Sie versprachen mir so viel und hielten alles. Er bettete mich auf weiche Kissen, wie jeden Tag und jede Nacht, und schenkte mir unendliche Liebe. Sein selbstbewusstes männliches Auftreten hatte mich schon in den ersten Stunden in den Bann gezogen. Er war alles, was ich auf meine Wunschliste für einen Mann geschrieben hätte, hätte es eine gegeben.

Tjarve hatte zu meinen Hamburger Zeiten ständig mit mir gemeckert, weil ich in seinen Augen zu hohe Ansprüche hatte, doch ich hatte dies abgewehrt.

»Sobald man sich verliebt, ist es sowieso zu spät. Ansprüche, Wünsche und Vorstellungen hin oder her, wenn das Herz schneller schlägt, ist einem das egal. Fürs Erste zumindest.«

Dass es den perfekten Mann für mich gab, hätte ich nie gedacht. Ich hätte für Till jedes Kästchen angekreuzt, hätte es welche gegeben.

Er streichelte mir über die Wange und küsste mich erneut. Ich schloss die Augen und atmete seinen Duft ein. Durch den Fensterspalt drang das Gejohle der verbliebenen Gäste.

»Sollen wir das Fenster zumachen?«, fragte ich ihn.

Er nickte, stand auf und schloss es.

Ich kuschelte mich wieder an seinen Körper und roch seine Haut. Meine Augenlider wurden schwer, mein Atem tiefer. Till küsste mich wieder und wieder, bis ich die Augen öffnete. Seine Nase stupste mich auffordernd an.

»Was ist denn los?«, fragte ich.

Er kroch aus dem Bett und verschwand auf dem Boden. Ich sah ihm nach und lachte.

»Till, was machst du denn da?«

Von Liebesgefühlen geschwängert und berauscht von der Feier kniete Till vor mir nieder, und mein Atem stockte. Mein Herz sprang gegen meinen Brustkorb, als er meine Hand nahm.

»Kerin, ich liebe dich. Du bist das Beste, was mir in meinem Leben passiert ist!«

Mein Herz tobte.

»Es gibt gar keine Worte, die sagen könnten, wie glücklich ich mit dir bin«, sagte er und küsste meine Hand. »Möchtest du mich heiraten?«

Ich beugte mich zu ihm rüber und fiel ihm um den Hals.

»Ja, das möchte ich. Ja!«

Wir versanken in einem innigen Kuss, doch dann drückte er mich weg.

»Warte mal eben.«

Ich sah meinem zukünftigen Ehemann nach. Kein guter Zeitpunkt, um die Biege zu machen, dachte ich und schwelgte in dem Gefühl von Glitzer, funkelnden Sternen und einem Pochen in meinem Bauch. Ich hörte es in der Küche rascheln. Till stürmte ins Schlafzimmer zurück, setzte sich auf die Bettkante und nahm meine Hand erneut. Dann holte er die Alufolie hervor und bastelte einen Ring um meinen Finger. Ich kicherte, umschlang seinen Nacken und zog ihn an mich heran.

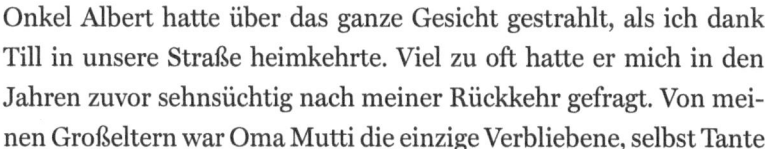

Onkel Albert hatte über das ganze Gesicht gestrahlt, als ich dank Till in unsere Straße heimkehrte. Viel zu oft hatte er mich in den Jahren zuvor sehnsüchtig nach meiner Rückkehr gefragt. Von meinen Großeltern war Oma Mutti die einzige Verbliebene, selbst Tante

Hella war viel zu früh aus unserem Leben verschwunden. Mein Vater lebte in meiner Mutter und mir weiter, sein Blut floss durch meine Adern, sein Charakter war in mir verfestigt. Seine Stimme saß in meinem Ohr, und sein Duft in meiner Nase. Kater Danny lebte zwanzig Jahre an meiner Seite – seine Pfotenabdrücke sehe ich noch heute auf der Fensterbank.

Onkel Albert war in die Jahre gekommen, wie seine Geschwister, doch man sah es ihnen kaum an. Mit guten Genen gesegnet, fast faltenlos und mit vollem Haar bewältigten sie ihren Alltag. Susi, die Schildkröte, kroch weiterhin durch ihren von Kaninchen geplagten Garten, und Alberts neue Liebe war ein Geschenk für alle. Eine Frau für ihn, eine Tante für mich. Maria, die Frau mit dem guten Herzen, hatte in Wenningstedt gelebt, doch sie konnte meinem Onkel nicht widerstehen und zog zu ihm ins Haus. Deutlich jünger, brachte sie einen fetzigen Ton und Schwung mit sich.

Als ich an jenem Tag an Onkel Alberts Haustür klingelte, roch der Wind nach Watt und Algen. Ein Fasan schrie nach seinem Futter. Alberts und Marias Namen standen nebeneinander am Briefkasten.

»Hallo, Kerin, komm rein!«, sagte Maria, als sie mir die Tür öffnete. Ich versteckte meine Hände hinter dem Rücken, stellte meine Schlappen auf der Fußmatte ab und schlich durch die Küche ins Wohnzimmer. Onkel Albert saß auf dem Sofa und aß ein Stück Apfelkuchen. Die Möbel rochen nach frischem Leder, doch die alte Uhr, die an der Wand hing, schlug weiter ihre Stunden. Onkel Albert spiegelte sich im polierten Glastisch, seine Stimme war leise und sein Haar frisch geschnitten. Ein Krümel hing an seinem Kinn.

»Na, Kerin, schön, dass du rüberkommst!«, sagte er.

Mit einem breiten Grinsen setzte ich mich auf den Sessel und verschränkte die Arme. Marias Augen glänzten.

»Was versteckst du denn da?«, fragte sie, während sie ihre helle Hose mit den Händen glatt strich.

Ich atmete tief ein und klimperte mit den Wimpern. Mein Herzschlag erhöhte sich. Ich merkte, wie ich vor Anspannung fast platzte, weil ich die Luft anhielt.

»Till hat mir einen Heiratsantrag gemacht!«, schoss es aus mir heraus.

Maria sprang auf und klatschte in die Hände.

»Oh Kerin, das ist ja so toll. Ich habe es doch geahnt!«, fiepste sie und presste mich an ihre volle Brust.

Onkel Albert strahlte mich an.

Ich erzählte ihnen händefuchtelnd von dem Antrag und hielt ihnen den – mittlerweile echten – Ring unter die Nase.

»Der ist wunderschön!«, sagte Maria und gab Albert einen Stoß in die Seite.

»Nun sag doch mal etwas, Albert, steht ihr der nicht außerordentlich gut?«

Onkel Albert nahm mich wohlig in den Arm.

»Danke, Maria, den habe ich mit ihm gemeinsam ausgesucht. Er musste erst in meiner Größe bestellt werden, was mich total geärgert hat. Am liebsten hätte ich ihn gleich mitgenommen.«

Onkel Albert nicktc.

»Und dann waren wir gerade am Strand in Hörnum, an der Ostseite. Kaum einer war zu sehen. Wir haben auf das türkis flimmernde Wasser geguckt, da hat er mich umarmt und ihn mir angesteckt.«

Ich wirbelte über den Perserteppich, dessen Fäden ich als Kind sorgfältig gekämmt hatte. Mein Lächeln hatte sich mit dem Gedanken an das Brautkleid in mein Gesicht gebrannt.

»Und, wann wollt ihr heiraten?«, fragte Maria.

Ich stellte mich hin und schnipste mit den Fingern.

»Na, das wissen wir noch nicht. Aber wir werden heiraten!«

Wir gingen nach draußen zu Susi, die durch das Gras spazierte. Ich setzte mich auf den Findling, den großen Stein, der einst am Kliff gelegen hatte und auf dem ich schon als Kind herumgeklettert war, nahm Susi auf den Schoß und streichelte ihren Panzer. Die Kühe von Onkel Jeppe standen am Zaun und warteten auf das Gras vom Rasenmäher. Mit dem Severins – dem Hotel am Kliff –, den Dünen und der Heidelandschaft im Rücken kauten sie an ein paar Halmen, während ihre Augen uns achtsam folgten. Fußgänger kreuzten die Idylle und passierten den Weg, um zu einem der Strandkörbe der Lokale zu gelangen und Kaffee zu schlürfen. Pferde trabten ihre Hufspuren in den Sand, doch die Kühe ließen sich nicht beirren. Tante Irma rief uns vom Nachbargrundstück entgegen. Seit zwei Wochen jätete sie sich durch ihren Garten.

»Albert, du musst gleich mähen, die Kühe schimpfen schon«, rief sie über die Hecke und lachte.

Ich winkte zu ihr rüber.

»Kerin, wie ich gehört habe, bist du jetzt verlobt!«

Ich stieß lautes Gelächter aus.

»Na, das ging ja schnell. Ja, bin ich.«

Ich reichte ihr meine Hand und ließ sie meinen zarten Ring begutachten. Tante Irmas Stimme wurde im Alter noch krächziger, als sie ohnehin schon war, doch die Lautstärke blieb dieselbe. Hinter ihr kam Tante Hanne um die Ecke.

»Na ihr, hier sind ja alle versammelt, da komme ich genau richtig.«

Tante Irma wedelte sofort mit meiner Hand.

»Ja, sieh nur, Kerin ist jetzt verlobt!«

Tante Hanne legte die Hände über den Mund.

»Oh, wie ist das schön, das freut mich aber.«

Die Kühe protestierten, weil Maria den Fasan versorgte und nicht sie.

Während Till auf der Arbeit war, verbreitete ich die frohe Kunde und genoss den freien Tag im Garten.

Schweinswale in Sicht

Die Ruhe Morsums hat ihren ganz besonderen Charme. Während ich mit meiner Familie verträumt in die Zukunft blickte, herrschte alarmierend laute Stimmung an der Westküste. Wären wir in Frankreich, hätten alle Autos vom Parkplatzfreischubsen Dellen in ihrem Blech, doch wohlerzogen tuckerten die Fahrer hier nach der Regel immer wieder im Kreis, um endlich ihre Autos abstellen zu können. Der Spätsommer glitzerte am Horizont, der Surf Cup lockte wie immer Tausende Besucher nach Westerland. Seit Jahren war er eine der größten Veranstaltungen auf der Insel. Essensstände, Verkaufsstände und der Sport brachten reines Vergnügen für Jung und Alt. Wie in den vergangenen Jahren war genau in dieser Woche kaum Wind zu spüren, und die Sonne lachte, sehr zum Frust der Surfer, die aus aller Welt anreisten, um auf den Wellen zu reiten, die den Saum spülten. Der Surf Cup war ein Treffpunkt für jedermann, so auch für meine Mutter und ihre Freunde. Dass einer aus ihrer Runde sich gern einen Spaß mit den Urlaubern erlaubte, um schneller an einem Getränkestand bedient zu werden, machte hurtig die Runde.

»Es ist gleich drei, dann kommen die Wale«, rief er durch die Menge, während er auf seine Armbanduhr schaute. Die Touristen fielen drauf rein und versammelten sich nah am Wasser. Pünktlich um drei schrie ein Gast völlig außer sich, während er den Hals in die Luft reckte.

»Ich sehe sie! Da sind die Wale! Ich sehe eine Flosse!«

Ein Raunen ging durch die Menschenmenge.

»Ich auch, ich sehe sogar drei Flossen!«

Völlig entgeistert lief der Freund meiner Mutter zum Wasser, und tatsächlich – eine Schweinswalfamilie schwamm vorbei, pünktlich um drei. Sein Kinn fiel nach unten.

»Das war doch nur ein Scherz!«, sagte er, und alle lachten.

Schweinswale sind vor der Insel heimisch. Ähnlich groß wie ein Delfin, mit Stupsschnauze und einer haiartigen Flosse, ziehen sie an den Strandabschnitten vorbei und schnappen nach Luft. Wer Glück hat, kann auch eine Kegelrobbe oder einen Seehund beobachten, der mindestens genauso neugierig das Spektakel an Land zu betrachten scheint.

Sylt ist ein Paradies für Surfer. Braun gebrannte Männer und Frauen mit trainierten Körpern, dem typischen Surfer-Lifestyle und ausgeblichenen Haarsträhnen lassen so manche Herzen höherschlagen, wenn sie mit ihrem Bord Richtung Sonnenuntergang an die Brandung laufen. Ganz klar, Sylt stand Hamburg, was interessante Menschen anging, in nichts nach.

Zu meiner Jugendzeit war der Surf Cup eine einzige Party gewesen, vor allem die nächtlichen Veranstaltungen im alten Hangar. Mit 17 hatten Frieda und ich unsere Ausweise überarbeitet. Wir hatten eine Zwei aus dem Seitenstreifen einer Zigarettenschachtel ausgeschnitten, sie über die Drei unseres Geburtsjahres 1983 geklebt und standen dann mit zittrigen Beinen in der Schlange vor den Türstehern. Als der wuchtige Mann den Ausweis nahm, ihn ins Neonlicht hielt und uns reinwinkte, während die Gruppe nach uns wie nasse Hunde draußen bleiben musste, feierten wir umso mehr. Der Bass erschütterte jeden Schritt und forderte im Zelt auf der Promenade zum Tanzen auf. Die Musik überschallte jedes Wort, und das Gedränge ließ kleine Personen wie mich fast untergehen. Das Zelt duschte die Menschenmassen im Schweiß der anderen.

Vor Sylt, im Walschutzgebiet, kommen die Schweinswale das ganze Jahr vor. Dort in der Nordsee gibt es das höchste Aufkommen der Meeressäuger in ganz Deutschland. Die Tiere sind Lungenatmer, weswegen Fischernetze oft zu ihren Feinden werden.

Während die Insulaner und Gäste sich durch das bunte Treiben der Veranstaltungen und vom Meeresrauschen berieseln lassen, breitet sich neben dem Walschutzgebiet auch der Küstenschutz – genauer genommen die Küste, die zu schützen ist – direkt zu ihren Füßen aus.

Sylt ist der kräftigen Nordsee ausgeliefert. Jedes Jahr zur Herbstzeit reißt die Flut den Sand an sich und frisst die Strände schmaler. Unaufhörlich versuchten die Bewohner schon früh, ihre Heimat zu schützen, doch die Tetrapoden – sechs Tonnen schwere Betonblocksteine, welche als Wellenbrecher dienen sollten – und andere Maßnahmen hielten nicht das, was die Sylter erhofft hatten. 2007 wurde die Stiftung Küstenschutz gegründet. Wer mit dem Autozug auf die Insel reist und das Syltschützerticket für einen Euro mehr bucht, hat mit kleinem Aufwand eine Spende mit großer Wirkung geleistet. Jedes Frühjahr werden die Gelder gesammelt, Schiffe fahren raus aufs Meer und pumpen Sand aus der Tiefe an die Küste zurück. Bis der nächste Herbst kommt und die Stürme weiter an der Insel zehren. Es ist ein Geben und ein Nehmen. Sand hin, Sand her. Oft wird über diese Methode diskutiert, doch es ist die einzige Möglichkeit, die Küste zu retten, und sie wird nicht nur vor Sylt unternommen. Diese Methode findet sich in vielen Ländern wieder. Sand, ein knappes Gut, hat es nicht einfach in der Zeit des Wachstums. Höhere Gebäude aus Beton, Fenster aus

Glas, der Sand steckt überall, auch in mobilen Geräten, Zahnpasta, Kosmetika, Fahrzeugen und Mikrochips. Meeressand ist eigentlich zu grobkörnig, doch der Sand aus den Flussbetten geht langsam aus, weswegen der Bedarf in anderen Ländern Richtung Meer geht. Da ist es doch eine willkommene Sache, den Sand vor Sylt lieber wieder an die Küste zu spülen. Sand gibt es eben nicht wie am Meer, er ist einer der meistgebrauchten Rohstoffe neben Wasser, und seine Ressourcen werden knapper. Jeder, der am Strand liegt oder am Wasser spazieren geht, sollte sich vor Augen halten, dass diese Schönheit längst nicht mehr selbstverständlich ist.

Sylt bietet nicht nur den Menschen einen Lebensraum. Das Wattenmeer ist neben den Hochalpen das letzte große Wildnisgebiet in Europa, welches von der UNESCO als Weltnaturerbe anerkannt wurde, und bietet in seiner Schlicklandschaft einen Lebensraum für unzählige Arten von Lebewesen. Von kleinen Würmern, Schnecken und Krebsen über die Vögel und Fischarten bis zu den besagten Schweinswalen und Robben und noch viel mehr Getier, das manchmal mit bloßem Auge nicht zu sehen ist. Eine Explosion von Fülle und Reichtum der Natur, mit keinem Geld zu bezahlen oder zu besitzen. Kostbar wie ein jedes Leben. Wie unser Leben. Vereint mit der Natur, fernab von Prosecco, Festen und der Gier nach mehr.

Heideglück und Vanillekipferl

Gespannt öffneten wir die Deckel unserer Beuten. Die Lister Heide blühte leuchtend lila, doch die Saison sollte sich bald dem Ende nähern. Der Wind blies in mäßigen Böen aus dem Norden, und die Bienen flogen emsig ein und aus. Des Morgens schlurften sie, um den Durst zu löschen, Tau von den Blättern und flogen ihre Flügel warm. Es war das erste Mal, dass wir zwei Völker ohne vorgefertigte Rähmchen, in die wir für gewöhnlich Wachsplatten einlöteten, in die Heide gestellt hatten, um den ökologisch reinsten Honig zu produzieren. Nichts wurde mit Gift besprizt, kein Verkehr plagte die Nähe, nur die Seeluft brauste uns um die Ohren.

Heidehonig war mir eigentlich zu kräftig im Geschmack, und er kostete die Bienen deutlich mehr Kraft, während sie mit ihren Rüsseln den Nektar tankten. Hinzu kam, dass die Heidehonigzeit die Behandlung gegen Schädlinge im Stock verzögerte, weswegen einige der Bienenstöcke den Winter nicht überlebten. Uns kostete es auch mehr Kraft. Eine Maschine musste den zähen Honig aus den Waben pressen, er lief kaum merkbar durch das Sieb, und das Rühren und Abfüllen dauerte ewig. Doch mit den zwei Völkern wagten wir nun etwas Neues. Heidehonig, der mit ganzer Wabe in Häppchen geschnitten oder aufs Brot geschmiert werden konnte, wuchs in den Beuten, während wir im Spätsommer unserem Alltag mit weniger Strand und mehr Fleiß nachgingen.

Unsere kleinen Helfer tummelten sich auf den Waben.

»Na, ihr Lieben, schafft ihr das wohl?«

Till griff nach dem Holzrahmen und zog die Waben raus.

»Schau nur, die ist bereits vollständig ausgebaut, ist das nicht klasse?«

Ich nahm sie in die Hand. Der Honig hatte einiges an Gewicht, und die Bienen liefen mit ihren kurzen Beinchen drüber.

»Super, da freue ich mich schon drauf. Das wird mit Sicherheit etwas Gutes.«

Die Insekten wurden ungeduldig, ich übergab die Arbeit an meinen Zukünftigen und huschte ins Auto. Dass Till abermals gestochen worden war, von Fuß bis Kopf, rettete mich, da die Bienen bei Bedrohung eher die alten Einstichstellen ihrer Kolleginnen attackierten. Sie hatten ein Gespür für den Stich der anderen, die Einstichstellen im Anzug lockten ihre Kumpels zum Angriff an. Till musste nach vielen Stichen riechen, so wie sie ihn angingen. Ich machte mich klein und beobachtete ihn, wie er trotz des Schwarmes um seinen Hut vorsichtig die Beuten schloss.

Onkel Jeppe war der Erste in unserer Familie gewesen, der Bienen gehabt hatte. Als er sie eines Tages mit seinem Schwiegersohn im Kofferraum seines Wagens von Keitum nach Morsum transportierte, fielen die Beuten in einer Kurve um. Die beiden hatten zwar die Einfluglöcher verschlossen, aber dummerweise die Deckel nicht zugeschnallt, und ein Pulk aus wild gewordenen Insekten stürzte sich nun auf sie. Schreiend hielten sie am Straßenrand, sprangen aus dem Wagen und knallten die Türen hinter sich zu. Schnellen Schrittes flohen sie vor den Bienen, die wie bei einer Verfolgungsjagd an ihnen klebten. Sie ließen Auto und Tier zurück, liefen nach Hause, zogen sich die Imkeranzüge an und gingen zurück. Mit Hut und Schleier fuhren sie den voll besetzten Wagen nach ein paar Stichen heim, während es wütend um ihre Köpfe surrte.

Uns war Ähnliches bisher nicht passiert, doch vorsichtshalber saß ich, wenn Bienen mitfuhren, immer im Anzug auf dem Beifahrersitz, während wir uns mit Fingerzeichen und Nicken durch die Straßen mointen. Till schmunzelte darüber.

Nach ein paar Wochen luden wir unsere Bienen auf einen Anhänger, verteilten sie auf die Winterquartiere, die am besten geschützt waren, fütterten sie mit Sirup und ernteten den Heidehonig. Kräftiger Geruch breitete sich in unserer Küche aus. Ich beobachtete Till, wie er die neuen Waben herausholte und sie wie einen Kuchen in Stücke schnitt.

»Wow, das sieht klasse aus«, sagte ich, nahm ein Stück und biss hinein. Der Honig verteilte sich in meinem Mund, schmolz auf meiner Zunge und verschwand. Ein Klumpen Wachs blieb zurück. Wie zähes Kaugummi klebte es an meinen Zähnen, und egal, wie sehr ich versuchte, es kleiner zu lutschen, es gelang mir nicht. Ich schluckte es wie eine zu große Tablette.

»Na gut, vielleicht ist es besser, es aufs Brot zu schmieren«, sagte ich resigniert.

Till kringelte sich.

»Das geben wir später meinen Eltern. Die mögen das bestimmt!«

Seine Eltern waren gerade zu Besuch. Sie stürzten sich zum Abendbrot auf die Stückchen und legten sie erst auf noch dampfenden Toast, dann auf eine schöne Stulle Schwarzbrot vom Bäcker. Begeistert leckten sie sich die Finger. Ich schnitt mir etwas ab, schmierte es über die Butter und biss hinein. Ein Geschmack aus Blütenzauber und würzigem, leuchtendem Inselkuss schmiegte sich an meinen Gaumen.

Die Zeit eilte mit keuchendem Atem an uns vorbei und zog die Monate hinter sich her.

Es war Winter geworden. Frieda rief mich an.

»Kerin, wollen wir uns auf dem Weihnachtsmarkt treffen?«

Ich sah zu Till hinüber.

»Klar, wir kommen gern, ich muss unbedingt das Käsebrot essen!«

Das Wetter war eisig. Ich zog mir meine Winterjacke an. Der Morsumer Weihnachtsmarkt gehörte zu Weihnachten wie Heilig Abend. Leider war es bisher nicht gelungen, einen durchgängigen Weihnachtsmarkt am Rathausplatz zu veranstalten, doch dafür zogen die kleinen, feinen Weihnachtsmärkte wochenweise durch die Ortschaften und weckten die Vorfreude auf das kommende Fest. Der Kampener Markt strotzte von Handwerkskunst. Dort konnte man sich am besten einstimmen, um dann am Roten Kliff durch die Kälte zu spazieren, oben auf den Klippen, mit brausendem Wind im Gesicht. Wer es wagte, die Uwe-Düne mit ihren 110 Stufen und über 52 Metern hochzukraxeln, wurde mit einem atemberaubenden Ausblick belohnt. Wem das nicht ausreichte, der gönnte sich eine Tote Tante in einem der Lokale auf dem Strönwai, der sogenannten Whiskymeile. Wenn der heiße Kakao mit seinem Schuss Rum und dem Sahnehäubchen erst einmal in die Blutbahn gelangte, wurde einem schnell wieder warm.

Die Whiskymeile war der Treffpunkt der Kampener Szene, egal zu welcher Jahreszeit. Wer es etwas gemütlicher mochte, suchte sich in dem alten umgebauten Bunker der Kupferkanne einen Platz und später wieder den Ausgang. Die vielen kleinen, versteckten Nischen, die durch die schmalen Gänge und Stufen zu erreichen waren, boten kleine Sitzmöglichkeiten zum Verweilen. Romantisch-gemütlich konnte man an sättigenden Kuchenstücken und aus großen Kaffeetassen in den Ecken naschen und über das Leben philosophieren. Meine Mutter und ich kehrten oft dort ein, um danach mit dem Hund eine Wattrunde zu laufen.

Morsums Weihnachtsmarkt läutete erneut die Adventszeit für Frida und mich ein. Es war schon später Nachmittag, und die Dunkelheit holte sich den Tag. Der Buschimannweg war mit Till – meinem Beschützer – kein Problem für mich, und so kamen wir nach kurzer Zeit an.

Das Muasem Hüs war mit Lichterketten geschmückt. Weihnachtsbäume standen zum Verkauf, und eine Parzelle mit ein paar Schafen, die im Stroh lagen, lockte nicht nur die Jüngsten an. Das Lied der Weihnachtsbäckerei drang nach draußen. Kinder rannten, auf dem Weg zum Kekse-Backen und Basteln, singend an uns vorbei.

»Da haben Frieda und ich damals schon mitgemacht!«, sagte ich und erhaschte mir einen Kuss meines Liebsten.

Kleine Holzhütten bildeten einen Hof vor der Eingangstür. Es roch nach Fliederbeeren, Wurst und Futjes – Teigklumpen, die im Frittierfett vor sich hin brutzelten, um danach in Puderzucker gewälzt zu werden.

Wir kamen aus dem Grüßen nicht mehr raus. Es war ein Ort, an dem man zusammenkam. Der Kaufmannsladen im selben Gebäude hatte bereits für die eine oder andere zufällige Begegnung gesorgt, doch zu diesem Fest kamen selbst die Nichtmorsumer. Man traf sich, man unterhielt sich kurz und ging weiter zu den Nächsten. Frauen in der Morsumer Friesentracht liefen mit Eimern, in denen sich Lose befanden, umher. Ihre weißen Röcke schunkelten durch die Massen, und die schwarzen Schühchen klapperten auf dem Boden.

»Komm, lass uns welche kaufen!«

Till schob seine Hand in die Hosentasche und offenbarte mir einen Haufen Kleingeld. Ich pickte mir fünf Euro raus, und eine der Damen in roten Strumpfhosen hielt mir den Pott hin.

Wippend zog ich meine Lose und grinste Till an. Er hielt mir die Hand für die Stummel hin.

»Niete, Niete, Niete, oh Mann ... noch eine Niete, und eine Niete.« Ich ließ den Kopf hängen.

Neben mir gewann eine Dame im Pelz jubelnd einen Präsentkorb.

Till küsste mich.

»Dafür hast du mich«, grinste er.

»Die Nieten kann ich besser ertragen als den Pelz. Dass das heute noch nötig ist. Einen Pelz zu tragen, ist genau so furchtbar, wie Gänsestopfleber zu essen!«, moserte ich.

Die Musik lauschte mit Glockenklang unseren Gesprächen, und rote Schleifen verzierten die Geländer. Gestecke und Weihnachtskränze legten den Raum in einen Hauch aus Tannennadeln.

»Hi, da seid ihr ja!«

Frieda lief uns mit Mann und Kind entgegen.

»Gleich kommt der Weihnachtmann, den wollen wir unbedingt sehen!« Ihre langen Haare waren zu einem Zopf geflochten, und die Pfunde aus der Schwangerschaft waren längst verschwunden. Das Hummelige aus der Kindheit hatte sich verwachsen.

Ich sah Baby Greta an.

»Und wer genau möchte ihn sehen?«

Sie lachte laut auf und küsste ihre Kleine.

Wir unterhielten uns über den dänischen Kindergarten. Für Frieda war klar, dass sie für ihr Kind den gleichen Weg wählen würde, den wir genommen hatten. Während wir an den Ständen mit

Marmeladen, Eiern und Fleischspezialitäten vom Morsumer Hansenhof und seinen glücklichen Hühnern und einigem an Kunst vorbeischlenderten, waren die Männer in ihr Gespräch vertieft. Es ging augenscheinlich um Fußball.

»Und, wann wollt ihr denn jetzt heiraten?«, fragte Frieda mit klimpernden Wimpern. Sie konnte nur schwer verstehen, dass wir es nicht eilig hatten.

Da Till und ich weniger traditionell in Sachen Hochzeit waren, kümmerte uns kein Zeitplan, der uns vorschrieb, wann man nach einem Antrag auf den Altar zuzulaufen hatte – selbst den Altar würden wir uns sparen.

»Wir werden es sehen! Hauptsache, ich bekomme ein schönes Kleid. Weißt du, was Jenna letztens gesagt hat?«

Frieda wurde ganz Ohr.

»Ich dachte, ich falle vom Glauben ab. Da erzähle ich in Seelenruhe von meinen Vorstellungen, und sie hat nichts Besseres zu tun, als mich zu fragen, ob ich nicht schon zu alt für ein Hochzeitskleid sei.«

Frieda prustete.

»Typisch Jenna!«, sagte sie mit einem Stöhnen, und wir lachten los.

Mit Anfang dreißig fand ich mich überhaupt nicht alt. Ich war fit, ging jeden zweiten Tag joggen und ernährte mich gesund. Ich nahm Greta auf den Arm und drückte ihr einen Kuss auf die Wange. Sie lächelte. Wie immer.

Unsere Mütter kamen um die Ecke. Beide gehörten dem Verein der Morsumer Kulturfreunde an, welche für die Organisation des Marktes verantwortlich waren, und waren die engsten Freunde.

»Irgendwann möchten wir aber auch mal mit unserem Honig hier stehen!«, sagte Till in die Runde. Friedas Mutter lächelten milde. Die Plätze waren heiß begehrt und schnell vergriffen, wie immer zu schnell für uns. Wir gehörten zu den Spontanen. Der Urlaub wurde meist erst zwei Wochen vorher gebucht, und oft geschah etwas auf den letzten Drücker.

Das Läuten einer Glocke unterbrach uns und ließ die Kinder aufjubeln. Mit weißem Bart und einer Stimme, die nach Whisky und Zigarre klang, schlenderte der Weihnachtsmann in roter Robe an uns vorbei. Eine Schlange aus Kindern folgte ihm. Sein »Hohoho« hallte durch den Festraum. Seine Rute kratzte einige Menschen an den Schultern, weil er kaum Platz hatte, hindurchzukommen. Er setzte sich neben den rot-gold geschmückten Tannenbaum, richtete seine Brille, und das erste Kind sprang ihm auf den Schoß. Sein Gesicht verzerrte sich für einen kaum erkennbaren Moment. Die Pausbäckchen des Jungen sahen nach vielen Süßigkeiten aus. Ich gab Frieda ihre Tochter und lehnte mich an Till. Das Gedränge nahm sekundenschnell zu und uns die Freude. Zeit zu gehen.

Draußen nebelte unser Atem durch die Kälte. Dampfender Punsch wurde aus den Hütten verteilt.

Ich bestellte mir an einem der Stände mein Käsebrot. Während der Käse in der Pfanne schmolz, Rotwein ihn löschte und er mit Paprikagewürz auf einer Scheibe Bauernbrot serviert wurde, lief mir das Wasser im Mund zusammen. Mein Magen grunzte vor Freude. Till organisierte den Glühwein, den man schnell trinken musste, bevor er abkühlte. Entsprechend rasch stieg er einem zu Kopf.

Frieda und ich schwelgten in Erinnerungen. Als Kinder waren wir hier durch die Gegend getobt, als Jugendliche hatten wir eindeutig den einen oder anderen Becher zu viel gehabt, und wer wusste, wie wir in zwanzig Jahren dort stehen würden.

Würden wir glücklich mit unseren Familien sein?

Würden wir noch stärker verwurzelt sein als jetzt?

Würde sich Sylt weiter verändern, und würden die Dörfer nach und nach aussterben?

Der Weihnachtsmann auf dem Morsumer Weihnachtsmarkt lief mit hängendem Kopf und heiserer Stimme heim. Die Augen der Kinder fielen zu. Die Familien klatschten am Eingang mit der älteren Generation, die sich zum Schwofen traf, ab und überließen ihr das Feld. Die Cliquen aus vergangenen Zeiten trafen aufeinander und hatten sich mal mehr, mal weniger zu erzählen.

Gespannt auf unsere Zukunft legte Till den Arm um mich.

»Schon schön, dass wir jetzt doch wieder auf Sylt sind, oder?«

Ich nickte. Ich hätte es mir nicht besser vorstellen können. Mit ganz anderen Augen betrachtete ich die Menschen um mich herum und trank von meinem Fliederbeerpunsch. Ich schluckte, und das wohlige Gefühl gelangte in meinen Bauch.

»Danke, dass du mich zurückgebracht hast!«, sagte ich und küsste Tills Wange, die er mir hinhielt. Mit seinen großen Händen wärmte er mir den Rücken. Meine Mutter rannte an uns vorbei, sie hatte keine Zeit. Ihre Freunde warteten, um mit ihr anzustoßen und die Winterzeit zu feiern. Friedas Tochter wurde hungrig.

»Sehen wir uns noch vor Weihnachten?«, fragte meine Freundin.

»Na klar. Wir treffen uns doch noch beim Türchen.«

Sie sah auf die Uhr.

»Na, ich weiß ja nicht, ob das zeitlich mit der Kleinen passt, aber ich versuche es.«

Kinderlos wie ich war, hatte ich darüber nicht nachgedacht. Die Uhr tickte bei ihr etwas anders. Es war ein schönes Ticken, lieblich und süß, weich und zart, vor allem des Abends, den sie fast immer zu Hause verbrachte.

Till und ich machten uns auf den Heimweg.

Der Buschimannweg war stockdunkel, doch die Musik vom Weihnachtsmarkt drang in unsere Ohren.

»Zu welchem Türchen wollen wir gehen?«, fragte Till.

Ich vergrub mich in seinem Arm.

»Na, auf jeden Fall zu unseren Türchenkumpels, den Rest können wir uns ja noch überlegen.«

Morsum pflegte den lebendigen Adventskalender wie kein anderes Dorf. Die Bewohner konnten sich für ein Datum im Dezember bewerben, und bei Glück wurden sie auserwählt. Der Pastor, ein herzensguter Mann mit tiefer Stimme und großer Gestalt, bewaffnete sich mit einer Stirnlampe, einer Glocke und einer Weihnachtsgeschichte und besuchte das Türchen, das zu öffnen war. Die Gastgeber schmierten Stullen oder kochten Suppen, sie verteilten Kekse und Weihnachtsdeko auf den Tischen und sorgten für warme Getränke. Zum Abend versammelten sich die Morsumer, lauschten den Erzählungen des Pastors und fanden fröhlich zusammen. Inmitten von Mettwurstbroten und Vanillekipferln wurde schon öfter das Schweigen zwischen einzelnen Bewohnern gebrochen, und der Spaziergang dorthin mit einem Becher in der Hand zelebriert.

Die Weihnachtszeit, die ruhige Zeit des Jahres, kehrte in die Friesenhäuser ein und bescherte den Menschen eine Pause, zumindest zeitweilig, denn die Touristen und Hauseigentümer kamen aus allen Bundesländern zu den Feiertagen und wirbelten den Staub wieder auf. In Ferienhäusern schmückten sie ihre Bäume vor dem Kamin, flanierten durch die Einkaufsmeilen und strotzten dem Wind an den Stränden. An der Autoverladung staute es sich, und Hunde wimmerten zum Neujahrswechsel auf der Promenade, weil das Feuerwerk laut knallte. Das eine musste sein, das andere weniger.

Ich hatte im Evangelischen Naturkindergarten auf Sylt eine Vertretungsstelle bekommen. Ich liebte es, mit den Kindern zu jeder Jahreszeit draußen zwischen Bäumen, Sandhaufen und Pfützen zu spielen, die Neuankömmlinge herzlich und warm zu empfangen und an der Seite von den besten Kollegen, die ich je gehabt hatte, zu arbeiten. Eingehüllt in Regenkleidung matschten wir im Sand und in der Erde, der Fantasie der Kinder waren keine Grenzen gesetzt. Sie bauten aus Stöcken wahre Meisterwerke, achteten die Natur und durften ihren Kinderherzen folgen. Eine Hütte aus Holz bot uns Unterschlupf, falls das Wetter uns zu schaffen machte. Gerade die ganz jungen Händchen brauchten im ersten Winter eine Heizung neben einem Maltisch, um sich aufzuwärmen. In einem verborgenen Waldstück, zwischen Rotkehlchen und Mäusen, Spinnen und Ameisen, die ihre Burgen und Bettchen bauten, jubelten die Kinder miteinander im Sandberg.

Viel zu oft findet man in sozialen Berufen wie der Arbeit in einem Kindergarten Mitarbeiter, die ihren täglichen Frust nicht vor den Menschen verstecken können und ihre Arbeit satthaben. Ein großes Problem in unserer Gesellschaft. Ob in der Krankenpflege, Kinderbetreuung oder Altenpflege, überall herrscht ein Mangel an Personal. Zu schlechte Arbeitsbedingungen, miese Bezahlung und wenig Respekt gegenüber der Tätigkeit verscheuchen den Nachwuchs, den das Land dringend benötigt. Aber waren wir nicht alle mal jung, sind wir nicht alle einmal pflegebedürftig, und werden wir nicht alle alt? Ist die Arbeit am Mensch nicht die wichtigste? Ein jeder wünscht sich, liebevoll behandelt zu werden, wenn es darauf ankommt, doch zu oft ist das Personal erschöpft und ausgebrannt von der harten Arbeit. Die Betreuung der Kleinsten, die noch so viel Zuwendung und Halt in ihrem Umfeld brauchen, Liebe und Zuspruch, Verständnis und eine tröstende Umarmung, wenn die Eltern nicht da sind, kostet viel Kraft und Geduld. Es gilt, den Kleinen einen schützenden Rahmen zu bieten, Sicherheit und klare Grenzen, wo die Freude miteinander nicht verloren geht.

Meine Kollegen wären die perfekten Vorbilder für jeden Aus-
zubildenden gewesen. Mit so viel Liebe und Verständnis, Freude
und Passion gab es niemand Besseren für diesen Job. Ein jedes Gefühl der Kinder wurde gesehen und erkannt, mit schützenden Händen begleiteten sie die Rasselbande durch den Tag. Der Dank dafür
waren Kinder, die vor Freude sprudelten und einen mitrissen, auch
wenn man selbst des Morgens etwas müde war. Ein Lächeln ergab
das nächste, und der Wald lachte mit.

In meiner Freizeit traf ich mich mit meiner Truppe der Schreibwerkstatt von Sina Beerwald, einer befreundeten Autorin. Sie führte uns in ihre Welt des Schreibens, während ihre Sylter Möwen, 111
Sylter Orte, schwäbischen Urlaubsgäste oder ein Weihnachtsmann
mit geballtem Witz und Charme ihre Leser erreichten. Wir schlugen uns unsere Texte um die Ohren und tüftelten an unserer Wort-
wahl. Eine Arbeitsgruppe der besonderen Art. Es wurde gelacht,
geschrieben, gefachsimpelt und diskutiert. Eine Vielfalt der Stile
sprudelte aus den Geschichten.

Die Masken an Sylvester sind weniger geworden. Die »Alten« lassen es sich nicht nehmen, die Tradition weiterhin aufrechtzuerhal-
ten, doch der Nachwuchs fehlte, wie auch in der Freiwilligen Feuerwehr. Mein Vater war ein Mitglied gewesen. Ich erinnerte mich
noch an die Übung auf unserem Heuboden. Alles war voller Rauch,
Gasmasken wurden aufgesetzt, und ich stand mit großen Augen
in der Tür und beobachtete, wie leblose Puppen auf den Schultern
der Feuerwehrleute die Leiter hinuntergetragen wurden. Ich hatte es gemocht, wenn mein Vater seinen Feuerwehranzug trug, der
Hut stand ihm. Vor einigen Jahren hatte eine Brandserie das Dorf

erschüttert. Alte Höfe wurden angesteckt, während die Bauern schliefen. Zum Glück konnte sich jeder retten, doch das Feuer hatte die Bestallungen und die angrenzenden Wohngebäude angegriffen, was uns viele schlaflose Nächte bereitete. Wir rüsteten mit Hilfe aus der Nachbarschaft den gesamten Hof mit Rauchmeldern und Kameras aus und hielten Wache, bis der Täter geschnappt wurde.

Heute kommt die Freiwillige Feuerwehr viel zu oft aufgrund eines Suizids zum Einsatz ans Gleisbett am Hindenburgdamm. Die Menschen stürzen sich wegen Krankheit, Vereinsamung oder anderem Leid in den Tod und vergessen dabei leider die Gefühle der Lokführer, Passanten und Helfer vor Ort. Mal sind es Urlauber, mal Insulaner, und leider auch tief verwurzelte Morsumer. Wie alle Morsumer hätte meinen Vater diese Entwicklung schwer getroffen. Wenn ich heute seine Freunde in ihren Uniformen sehe, sehe ich ihn vor dem Spiegel stehen, während meine Mutter ihm die Krawatte bindet, bevor er sich mit einem Lächeln und einem Kuss pfeifend verabschiedet. Seine Stimme und die treuen Augen, sein liebevolles Gesicht, alles ist dann wieder so nah.

Einen seiner Kameraden unter dem rollenden Zug zu wissen, hätte ihm das Herz gebrochen, wie seinen Kollegen, die vor Ort zur Stelle waren. Wieder Wunden, die nicht bei jedem zu heilen vermochten, ein Schicksal, das ungefragt auf einen einschlug.

Die Feuerwehrbälle werden gefeiert, um sich selbst zu danken.

Doch nicht nur die Freiwillige Feuerwehr hat an dem Mangel an Einwohnern und Nachwuchs zu knapsen, unzählige Vereine versuchen, sich über Wasser zu halten.

Die Insel steht in einer permanenten Entwicklung, wie jeder Ort und jeder Mensch. Das ist der Lauf der Zeit, ob auf Sylt, in Hamburg oder in ganz Deutschland. Doch hier weht ein anderer Wind. Teuer und für einige unerreichbar.

Ebbe und Flut

Nach der Ebbe folgt die Flut. Von den Gezeiten gesteuert, der Tide, der Zeit, steigt das Wasser oder schweigt.

Wenn die Himmelskörper ihrem Lauf nachgehen, das Gewässer in Bewegung zieht, dann ebbt das Wasser leise ab, und die Küste streicht sich glatt. Und wenn die Flut einst stürmisch treibt, zieht sich das Wasser in die Breit. Mit schlingender Kraft reißt es den Sand und bricht an einem Uferrand. Kalt und nass bewegt es sich, gepeitscht von Wind, gespiegelt im Licht.

Das Spiel der Natur, gesteuert vom Mond, wiegt die Erdkugel in seichtes Schunkeln, während wir uns unweigerlich im Kreise drehen. Alles kommt, alles geht. Das Wasser, das besteht. Wie Blut in ihren Adern, lebt die Erde mit ihm auf, die Flüsse dieser Welt verbinden seinen Lauf. Ebbe schweigt, Flut zeigt, doch das Meereswasser bleibt bestehen, erfrischt uns unsere Zehen und spült unsere Gedanken frei.

Am Weststrand von Sylt konnte die Flut einen Sonnenbadenden schnell überraschen. Nicht selten sind wir selbst wie die Robben auf der Sandbank, mit Handtuch und Picknickkorb bepackt, vor den Wellen davongekrochen. Immer weiter drückten sie uns ins Landesinnere. Ein Spaß, selbst wenn man etwas nass wird. Und wenn man eh schon nass ist, kann ein Bad nicht schaden. Doch bei Ostwind sollte man vor den Quallen auf der Hut sein. Leicht und elegant gleiten die Medusen durch das Wasser und ziehen ihre Tentakel wie einen Schweif Haare hinter sich her. Tanzend in der Nordsee, schwimmen sie durch das Bewegen ihres Schirmes ihren Zielen nach und gleiten durch das Meer. Von einem gemeinsamen Tanz mit einer Qualle ist abzuraten. Der Schirm ist leicht anzufassen, doch wir möchten ja auch nicht unnötig begrabbelt werden, also lieber in Frieden vorbeischwimmen und sich vor den Tentakeln in Acht nehmen. Einige brennen, anderen nicht.

Auf der Wattseite herrscht ein anderes Leben, in das wir eindringen, sobald wir einen Fuß hineinsetzen. Hier sollte man sich lieber einem Profi zuwenden. Es ist schon vorgekommen, dass die Flut schneller war, als die Beine durch den Schlick, der wie ein Saugnapf an den Füßen zieht, waten konnten. Das Wattenmeer lebt sein eigenes Leben. Wattlöcher, in denen Füße stecken bleiben und ohne Hilfe nicht mehr hinauskommen, sind tückisch und kaum erkennbar. Doch der Marsch durch den Wattboden, der Duft der natürlichen Schlickpackung und die kleinen Krebse, die vor einem flüchten, sind genauso interessant, wie vom Queller und vom Seetang zu kosten. Schwertmuscheln können scharfe Kanten haben und einen verletzen, aber die unendliche Natur, in der man einzusinken scheint, die Vogelpracht, die über den Köpfen hinwegfliegt, und das Leben unter den Sohlen verleihen dem Körper neue Energie, lassen einen tiefer atmen und den Moment bewusst genießen. Sylter Meditation spezial. Ommm. Es lohnt sich, in der Gruppe einen stillen Moment einzulegen und die Kräfte auf sich wirken zu lassen. Vom Leben gesteuert, steht man in diesem Naturereignis, mit frischer Luft für Haut und Lungen. Die Beine mit Schlick aus unzähligen Mineralien bemalt, die Stille genießend. Und wenn das Wasser kommt, wieder sauberbaden. Sich einen Platz suchen, um Ruhe zu finden, nachwirken zu lassen, mit Buch oder ohne, ob in Regenjacke oder mit Sommerhut, es ist der Moment, der zählt. Ein Schauspiel, in das man hineinschlüpfen kann, um von ihm zu kosten. Und nach der Flut folgt wieder die Ebbe. Wie in uns. Ebbe und Flut ein Leben lang.

Ebbe und Flut, Tag und Nacht, Gebräuche und Tracht, alles kehrte wieder, Letzteres mit Müh und Krach. Die Möbel meiner Eltern waren noch vorhanden, hatten aber andere Plätze eingenommen. Meine Mutter polterte mit dem Staubsauger unter uns durch ihr Wohnzimmer. Den Tisch mit der Kerbe hatte sie irgendwann weggegeben, was ich schade fand. Nicht nur meine Eltern, auch Jule und Danny hatten sich darin verewigt. Dafür stand Mamas altes Rattansofa bei uns und bekam immer alles ab, wenn ich mich ärgerte. Egal, was war, am Ende des Tages musste das olle Sofa herhalten. Vielleicht hätte ich es bei Ebbe im Watt versenken sollen.

Ich hielt mir die Hand an die Schläfe und sah zur Sylter Flagge meines Onkels, die gelb-rot-blau gestreift gegenüber im Wind stand.

»Schon wieder Ostwind. Till, ich glaube, ich gehe mal raus.«

Till wusste, dass ich mich freilaufen musste, wenn mein Nacken sich verhärtete und meine Stimmung sank. Um bis nach Westerland zum Sport zu fahren, war ich zu faul, und wer so viel Natur vor der Tür hatte, musste einfach durch die Landschaft joggen. Ich zog mir meine enge Sporthose über die Hüften, mein weißes Top an und schlüpfte in meine Turnschuhe.

Mit dem Blick auf das Wattenmeer gerichtet, beschleunigte ich meine Schritte. Ich sah die Kliffkante an und dachte an Onkel Albert und meinen Vater. Damals hatten sie noch ein Boot am Wasser stehen gehabt oder waren mit den Netzen weit ins Watt gelaufen, um dort in einem Priel zu fischen. Ich lief an Onkel Alberts Garten vorbei. Der Rasen sah immer frisch gemäht aus, die Hecken waren fein gestutzt. Wie oft hatte ich mit ihm an der Steilküste nach Versteinerungen gesucht, die sich in Tonschichten versteckten. Ich hatte nie etwas gefunden, er ständig. Er hatte Vitrinen voll von Fossilien, die man heute nicht mehr sammeln durfte. Alles stand unter

Naturschutz. Onkel Albert hatte ein Händchen dafür, wie auch für gute Geschichten. Wenn er erzählte, wie Oma Matche mit über neunzig Jahren mit ihrer Freundin zusammengesessen hatte, heimlich Baileys naschend und etwas tüdelig im Kopf, brachte er mich zum Lachen. Ständig hatten sie sich gegenseitig gefragt, ob ihre Freundin noch am Leben sei, und es kurze Zeit später wieder vergessen.

»Sag mal, ist Berta noch am Leben?«, fragte Oma ihre Freundin, die nur mit den Achseln zuckte. Fünf Minuten später durchbrach sie das Getratsche:

»Sag mal, Matche, lebt Berta eigentlich noch?«

Oma überlegte, doch ihre Erinnerungen ebbten ab.

»Das weiß ich gar nicht. Albert, weißt du das?«

Onkel Albert schüttelte den Kopf und ließ die Damen allein.

»Ich weiß es nicht, ich muss Susi baden, ich gehe jetzt.«

Er erzählte zu gern von meiner Uroma, die sich damals auf den Spiegel gesetzt hatte. Sie hatte sich beim Krimi immer die Augen zugehalten und »Uu, ek tö liifen! – Himmel hoch, das halte ich nicht aus!« zu Opa Gogge gerufen, bis der Hintergrundmusik die Spannung entfiel.

Dass einer ihrer Söhne sie einst schmerzhaft verarztete, um sich den Weg zum Arzt zu sparen, hatte sie zur Weißglut getrieben. Ein Hautzipfel hing ihr wie ein Schlupflied über dem Auge, und einer meiner Onkel nahm einen Faden und band ihn ab.

»Das würden sie beim Arzt auch so machen!«, sagte er und machte eine abwertende Handbewegung. Das Ding schwoll in kürzester Zeit erbsengroß an, und der Faden war auf Höchstspannung. Wie ein rotes, pralles Euter, aus dem nicht getrunken wurde, pochte es entzündet auf. Jammernd wurde meine Uroma in die Praxis gebracht, am liebsten hätte sie ihrem Sohn den Hintern versohlt, doch sie war zu alt, und er zu stark.

Albert erzählte gern von den Unikaten des Dorfes. Dem Fiete, der nahe der Brücke gelebt hatte. Der kam immer als Helfer zum Dreschen, und wenn er sich bückte, sah man den Schlüpper seiner Frau zwischen Poritze und Gürtelschnalle aufblitzen. Mit Blumen und Herzchen wurde er zum Gespött des Dorfes.

Onkel Jeppe hingegen hatte großes Vergnügen daran, sich über seine Schwestern ulkig zu machen. Man erkannte genau, in welche Rollen sie in der Kindheit geschlüpft waren und dass sie aus ihnen nie herausgefunden hatten.

»Hanne, dü best di ialst Hüsmaister fan di Wärel – du bist die älteste Hausmeisterin der Welt. Das kann ja wohl nicht angehen.«

Und wenn man ihn nach seinem Befinden fragte, antwortete er sein trockenes: »Ik sen gur tö pas – ich bin gut zu pass!«

Onkel Jeppe fand das Meckern der anderen doof.

»Nu sei doch nicht so pjattig«, pflegte er zu sagen.

Andere als albern zu bezeichnen, vor allem in dieser herrischen Tonart, ließ einen laut losprusten. In seinem ernsten Gesicht verzog sich keine Miene, was noch einen draufsetzte.

Während ich mich erinnerte, erhöhte ich das Tempo meines Laufs. Der späte Nachmittag hatte die Feldwege leer gefegt. An einer der Klippen hatte ich als Kind das Drachenfest nachgeholt, das aufgrund eines Sturmes ausgefallen war. Ein Fest, das die Dörflinge einst bei uns auf der Fenne organisiert hatten. Ich liebte es, mit einer meiner Freundinnen und Papas helfendem Geschick einen Drachen zu kreieren, den es so lange wie möglich am Himmel zu halten galt. Der, der am längsten durch die Lüfte segelte, war der Sieger. Für eine Stufe auf dem Treppchen hatte es für mich zwar nie gereicht, doch mein Papa war bei den Erwachsenen ganz weit vorn dabei gewesen.

Meine Füße trugen mich immer schneller zum Inselrand. Die wenigen Menschen, die meinen Weg kreuzten, grüßte ich mit einem freundlichen »Moin«. Der graue Himmel trübte die Sicht. Meine Lunge begann zu hecheln, während die Kuhwiesen an mir vorbei- zogen. Vereinzelte Büsche zeigten ihre grünen Knospen. Ich mach- te einen Schwenker beim Severins vorbei, was ich selten tat, da die Runde nicht die geeignetste zum Joggen war. Die Holzpaneele gaben unter meinen Füßen etwas nach. Der Weg an der Steilküste entlang war schmaler geworden, wenn es so weiterging, würde man ihn bald nicht mehr passieren können. Die Flut breitete sich vor mir aus. Der Wind blies mir feinen gelben Sand in die Augen, bis er sich vor mir in ein kräftiges Orange verfärbte und festigte. Die Dünen ruhten unter dem Strandhafer, der sie bewuchs und Schutz vor dem Wind bot. Dass man damals für den Bau des Hindenburgdammes den Sand von der Steilküste hatte abtragen wollen und nur die Naturschützer es in letzter Minute verhindert hatten, war das Glück eines jeden gewesen.

Ich joggte weiter, bis zu den Salzwiesen, die regelmäßig unter Wasser standen und auf denen unsere Kühe damals ihr Fleckchen Erde bewohnt hatten. Ob unsere Ziele so weit reichten, das stand noch ungeschrieben. Till und ich lachten mittlerweile über die jähr- lich wiederkehrende Aussage über unseren Hühnerstall, der noch immer nicht stand. Doch die Hühner würden kommen, wie auch weitere Tiere, die unseren alten Hof wieder in einem kleineren Aus- maß beleben sollten. Die Prioritäten waren bis jetzt andere gewesen.

Ich joggte am Fernsehturm vorbei, wo kleine Ponys an den Bü- schen knabberten. Wie in Ekstase lief ich meinen Kopf klar, wäh- rend mein Herzschlag mit den Schritten durch meinen Körper don- nerte. Schweiß tropfte mir von der Stirn, doch die Windzüge legten sich frisch auf ihr nieder und versuchten, mein Gesicht zu kühlen. Am Angelteich war keine Menschenseele. Das Wasser sah modrig aus, und ich fragte mich, ob dort überhaupt noch etwas zu fangen schwamm.

Saunaähnliche Hitze stieg in mir auf, meine roten Wangen wurden prall, und ich keuchte nach Luft. Wie zu oft war ich viel zu schnell unterwegs gewesen. Ich drosselte das Tempo, als meine Füße den Asphalt berührten und ich die Tischlerei Hoyme passierte, einen Betrieb, den es gab, seitdem ich denken konnte. Das lebendige Meer breitete sich wieder einladend vor mir aus, als meine Beine mich zurück gen Wattenmeer trugen, und kurzzeitig überkam mich die Idee, meinen Körper in die Wellen zu tauchen, doch selbst wenn ich es gekonnt hätte, hätte ich schlussendlich gekniffen. Zu gern wäre ich nach dem Sport und einer Dusche in eine Sauna gegangen, doch in Morsum gab es dazu keine Möglichkeit. Einfach locker essen gehen war auch schwierig geworden. Wenn meine Mutter von Nes Pük, einer Gastwirtschaft, erzählte, in der es zu früheren Zeiten eine Gastronomie mit Kneipe und Kickertisch gegeben hatte, sehnte ich mich nach dieser Art von Treffpunkt im Ort, um mit den Morsumern zusammenzukommen. Jeder Ort der Insel hatte seinen Charme und seine Schönheit, doch Morsum war für mich durch nichts zu ersetzen.

Ich joggte nach Hause, die Puste ging mir aus. Meine Mutter ging durch den Garten und schoss einen Ball ins Gebüsch. Tessa, ihr Hund, eine Border-Colli-Dame mit weichen Ohren, duckte sich und wartete auf den nächsten Schuss. Ich lachte.

»Jetzt weiß ich, von wem ich das schlechte Ballgefühl habe.«

Meine Mutter kroch in die Sträucher, holte den Ball raus und warf ihn über die Wiese. Tessa schnappte ihn sich mit einem Luftsprung, wie ein Akrobat, und ich rang nach Luft. Ich setzte mich auf einen Blumenkübel und sah ihnen zu. Es sollte eine der letzten Joggingtouren für eine Weile sein. Das Schicksal öffnete die Arme. Der Wechsel der Gezeiten überflutete uns mit der Veränderung.

Inselhopping

»Du bist noch nie auf Amrum gewesen?«

Tills Mutter starrte mich ungläubig an. Sein Vater schien ebenso überrascht.

»Nein, wozu soll ich nach Amrum?«, fragte ich und sah auf den Schmalsee in Mölln.

Tills Vater legte seinen Arm um meine Schulter und bombardierte mich mit tausend Argumenten.

»Amrum ist einer der schönsten Plätze dieses Landes. Die Strände, das Meer, die reetgedeckten Häuser, die beschaulichen Dörfer ...«

Ich zog die Lippe hoch.

»Du weißt schon, dass ich von Sylt komme.«

Er stupste mich gegen die Schulter.

»Aber Amrum ist anders als Sylt, kleiner und ruhiger. Außerdem kommst du nicht drum herum, wir haben uns ein Ferienhaus gemietet und laden euch ein, allerdings in ein Hotel, dann habt ihr etwas Zweisamkeit.«

Ich sah zu Till, der neben seiner Mutter schlenderte und einen Stein wie einen Ball vor sich her schoss. Mein zukünftiger Schwiegervater strahlte mit ärztlichem Stolz unter seinem Schnäuzer.

»Na gut«, sagte ich. »Dann fahren wir mit dem Autozug rüber und nehmen in Dagebüll die Fähre.«

Till zeigte mir den Vogel und stieß lautes Gelächter aus.

»Bist du verrückt? Wir fahren von Hörnum mit dem Kutter, alles andere kostet viel zu viel Zeit.«

Ich hatte Ähnliches befürchtet.

»Aber nur das Schnellboot, sonst wird mir übel.«

Alles, was mit Booten zu tun hatte, war mir nicht geheuer, solange es sich nicht um die Fährverbindung zwischen Sylt und Rømø handelte.

Tills Mutter kam zu mir, drängte ihren Ehemann beiseite, und der nächste Arm legte sich um meine Schulter. Ich sah hoch zu ihr, wie zu jedem in der Familie. Sie waren durchweg zwei Köpfe größer als ich. Da die Gefahr bestand, übersehen zu werden, wenn sie sich mit mir in ihrer Mitte unterhielten, blieb mir nichts anderes übrig, als die fehlenden Zentimeter durch Lautstärke auszugleichen. Besser als hüpfen – ich fühlte mich wie ein kleiner Dackel.

Der See breitete seine glimmernde Oberfläche vor uns aus. Zwei Spatzen flogen über unsere Köpfe hinweg und versteckten sich in den dichten Baumkronen. Wildschweine hatten ihre Spuren hinterlassen, die Erde war aufgerupft und von ihren Schnauzen durchwühlt. Ich konnte die Einladung meiner zukünftigen Schwiegereltern nicht ausschlagen, und zugegeben, gespannt war ich auch. Föhr hatte ich dank einer kurzen Liebelei zu meiner Ausbildungszeit in Niebüll beschnuppert, während ich auf dem Festland ein kleines Einzimmerapartment im Schwesternwohnheim bewohnte.

Die Familienausflüge mit Tills Eltern und den Zwillingen lösten so manche Verspannung. Die Zwillinge waren durchweg unterschiedliche Typen, was ihren gemeinsamen Charme noch verstärkte. Zudem waren sie unterschiedlichen Geschlechts und über zehn Jahre jünger als Till. Es wurde gelacht und noch mehr geredet. Oft aßen wir uns durch den Tag, was man keinem ansah, legten kilometerlange Strecken hinter uns und teilten das Essen, wenn wir es nach gefühlten Stunden endlich bestellt hatten. Die Kellner kamen ins Schwitzen, wenn die Familienmitglieder mit dem Essen Roulette spielten. Erst wenn der Kellner »Nichts geht mehr« rief, entschied sich jeder für ein Gericht, um es mit mindestens zwei anderen Personen am Tisch zu teilen. Probieren geht eben über studieren und kugelt die Bäuche.

An unserem Tisch herrschte oftmals Hamburger-Fischmarkt-Stimmung – nur ohne Alkohol. Auf Kommunikation wurde in Tills Familie viel Wert gelegt, es wurde diskutiert, gefragt, geschnattert und gelebt – zwischen den couchähnlichen psychologischen und völlig losgelösten humorvollen Gesprächen lagen oft zahlreiche Gedanken und gute Ratschläge. Wie ein bunter Blumenstrauß, frisch gepflückt und säuberlich gebunden, für jede Situation war etwas dabei.

Tills Vater, besser gesagt Stiefvater, der Mann mit dem Spaßtourette, hielt alle bei Laune. Seine Mutter öffnete ihr großes Herz, und seine bildschönen Geschwister gaben die Würze in die Suppe. Tills leiblicher Vater lebte mit einer weiteren Schwester nahe der holländischen Grenze.

Für ein Einzelkind wie mich eine willkommene Abwechslung.

Vier Wochen nach unserem Wochenende in Mölln stand ich am Hörnumer Hafen, und die Wellen platschten gegen die Anleger. Till parkte das Auto und ließ mich mit dem Gepäck zurück. Ein Bekannter kam über das Gelände und lief zum Crêpes-Stand, dessen Luke geschlossen war. Winkend lief er mir entgegen. Er war ein recht bekannter Fotograf der Insel. Wir hielten einen Plausch über seine Bilder. Sein Okelender, ein Kalender, hing in sämtlichen Sylter Haushalten und im Arbeitszimmer von Tills Eltern. Er hatte ein Auge für die Sonnenuntergänge dieser Insel, für die schmalen Wege zwischen den Dünen und den Klippen an den Küsten. Mit einem Knips fing er die Farben der Fauna ein und brannte sie in unsere Herzen. Er lachte, als ich ihm erzählte, dass wir Urlaub auf Amrum machen würden. Ich nickte und nahm es kommentarlos hin, doch meine Vorfreude auf gutes Wetter und einen Strand abseits von unserem Zuhause ließ mich bereits innere Luftsprünge machen. Die Sonne stieg am Himmel auf, und zu meinem Entsetzen hatten wir keine Fahrt auf dem Express-, sondern auf dem gewöhnlichen Adlerschiff gebucht. Eigentlich kein Problem, mir war es nur deutlich zu langsam. Als ich über die Hafenkante nach Kegelrobbe Willi Ausschau hielt, schaukelte die Adler an ihrem Anleger. Die Fähre bot zweihundert Gästen Platz, auf Sonnen- und Hauptdeck wurde eine Auswahl an Getränken und Snacks serviert. Als wir uns oben in die Sonne setzten, fiel mir auf, wie wenig ich als Sylterin doch von meiner Heimatinsel gesehen hatte. Ich war noch nie auf dem Hörnumer Leuchtturm gewesen, hatte keine Seehundbankfahrt gemacht und mied die Fischkutter wie die Sylter Royal – die bekannteste Auster des Landes. Es genügte mir, wenn ich das Schlürfen der anderen hörte und mir vorstellte, wie es wäre, die Zunge in den Schlick zu halten. Ich bezahlte für die Miesmuscheln, anstatt sie zu sammeln, und grübelte über so manche Sage der Insel.

Dafür hatte ich die Kaninchen beim Buddeln und Spielen beobachten, einen Fuchs im Schilf getroffen, einem Reh auf unserem Hof zugewunken und Kühe gefüttert. Ich hatte noch nie einen der spektakulären Sonnenuntergänge am Roten Kliff erlebt, des Nachts die Kampener Szene erkundet oder das Meeresleuchten bestaunt. Letzteres machte mir am meisten zu schaffen. Die Vorstellung, im Mondschein am Strand zu sitzen, im Arm meines liebsten Mannes, während das Meer blau bis grün aufleuchtete, löste in mir eine Wärme aus. Bei milder Temperatur, Ostwind, geringer Strömung und anderen Faktoren leuchteten Mikroorganismen bei Bewegung auf. Die Wellen glimmerten, die Fußspuren flirrten und die Badenden glitten in die Farben ein.

Als das Schiff seine Leinen von der Beckenkante löste, hielt ich mich an der Bank fest. Ich aß, um mich zu beschäftigen. Till saß mit Sonnenbrille und im lässigen T-Shirt neben mir, während meine malerische Insel in weitere Ferne rückte. Mein Magen blubberte. Till sah mich mitleidig an, reichte mir einen Ingwerbonbon und küsste mir die Falten auf der Stirn. Nach anderthalb Stunden Bootsfahrt, mit Zwischenstopp auf Föhr, rückten wir unserem Ziel näher. Das flaue Gefühl war wie weggezaubert, als der Anleger in Sichtweite kam. Tills Eltern erwarteten uns fröhlich winkend am Hafen. Alles schien eine Nummer winziger als auf Sylt, und das gefiel mir. In Norddorf angekommen, verstauten wir das Gepäck in einem lieblich-elegant eingerichteten Hotelzimmer und schlüpften in die Badesachen. Zu Fuß schlenderten wir an den Rosenhecken und Friesenkaten vorbei, bis zu einem feinen, aber festen Sandstrand, an dem das Wasser flach das Ufer säumte. Es sollten vier herrliche Urlaubstage folgen, in einem ähnlichen Trubel, auf weniger Insel, und ich konnte tatsächlich nach Hörnum winken. Ob Willi wohl gerade auch einen Ausflug machte? Plötzlich waren wir die Touristen, die mit dem Fahrrad die Wege abklapperten, kurz vor Ladenschluss mit bettelndem Blick in der Türschwelle standen und zum Glück nicht über das Wetter meckerten, weil die Sonne mit uns reiste.

Der FKK-Leidenschaft von Tills Eltern trotzte ich mit Bikini, doch mein Trauma aus Kindheitstagen wurde vom Wind davongetragen. Die Nordseeinsel zog uns magnetisch in jede ihrer kleinsten Ecken, die Cafés wirkten urig, und die Rosen an den Zäunen dufteten in ihrer Pracht. Wenige Autos passierten Norddorf, man entschied sich, die Wege anders zu bestreiten. Ein ausgedehntes Frühstück auf der Sommerterrasse unseres Hotels lud uns zum Genießen ein. Ein Dorffest lockte mit ausgelassener Musik, gefüllten

Eiswaffeln und bunten Textilien, in denen sich die Urlauber verloren. Die Abende ließen wir mit einem gemeinsamen Essen und einem Spaziergang ausklingen, bevor wir in einem der schönsten Betten, auf den bequemsten Matratzen, auf denen ich je gelegen hatte, fromm einschliefen. Arm in Arm, mit der untergehenden Sonne im Fenster. Das Bett war so bequem wie die ganze Insel, sie entschleunigte uns, und ich hätte die Hälfte des Tages einfach darin liegen bleiben können, wenn der Strand nicht ein paar Fußminuten entfernt bereits auf uns gewartet hätte. Es war eben doch anders als zu Hause. Man hatte Zeit, Zeit für sich, Zeit für uns. Tills Eltern genossen unsere Gesellschaft, und mit ein bisschen Wehmut reisten wir wieder ab. Wir verabschiedeten uns am Hafen, und das Meer hatte uns für kurze Zeit zurück. Ein schaukelndes Boot lud uns auf seine Fahrt ein, während meine Beine etwas zittrig das Deck betraten.

Dass der Kapitän ein »Viel Glück!« in das Mikrofon raunte, weil der Wind zur Abreise stetig zunahm, entzog mir jegliche Gesichtsfarbe. Mit Blick auf die sanitären Anlagen des Fährschiffes klammerte ich mich an den Tisch.

Als ich Sylter Boden betrat, atmete ich laut auf.

Der Urlaub hatte mich schläfrig gemacht, anscheinend war die Seeluft Amrums doch eine andere gewesen. Die Müdigkeit ließ mich einfach nicht mehr los.

Amrum war schön, doch Sylt war Sylt und wird es immer bleiben. Es scheint, als würde das Meer die Insel umarmen und ihre Kurven umschmeicheln. Die Sandkörner sickern mit jedem Schritt in den Boden. Krebse stellen sich auf ihre Hinterbeine, um ihre Scheren zu zeigen. Die Ortschaften glänzen für sich in ihrer Einzigartigkeit. In Rantum am Rantumer Becken, wo der Deich etwas verlassen die Wattlandschaft präsentiert und Stille und Weite zeigt, oder in Wenningstedt, wo auf der Strandtreppe heiteres Getummel herrscht. Eltern sitzen auf den Bänken, während ihre Kinder johlend die Rutsche zwischen den Stufen erobern. Die neue Promenade erstrahlt mit Raffinesse und Charme, die Enten paddeln durch den Dorfteich, der Ort schlittert auf der Überholspur an uns vorbei. Der Kursaal lockt mit Lesungen, Konzerten und weiteren Veranstaltungen, während die Gemeinde Wenningstedt/Braderup weiter an ihren Projekten tüftelt, um die Dorfstruktur zu erhalten. Wohnraum für Sylter wird geschaffen, ein Sagenwald bringt neuen Glanz mit sich, und Residenzen für Senioren sind in Planung.

Morsum, ein Teil der damaligen Gemeinde Sylt-Ost, fusionierte 2009 mit Rantum und Westerland, weswegen der Inselosten der Stadt für einige Zeit hinterherhinkte, doch Morsum versuchte, aus allem das Beste zu machen, und es fanden sich genügend Einwohner, die dies unterstützten.

Das Leben auf ganz Sylt war umstritten, nicht nur bei den Auswärtigen, die den Entwicklungen der Insel in der Presse folgten, auch zahlreiche Insulaner lebten in ständiger Ebbe und Flut, was die Begeisterung für ihre Heimat betraf. Das Verhältnis zwischen Arm und Reich, der Ärger um die schwindenden Dorfbewohner, die Zerrissenheit zwischen Bleiben oder Verkaufen, der Frust, sich kein Eigenheim leisten zu können, dies alles jagte als großes Thema durch die Gemeindesitzungen allerorts und beschäftigte jeden Insulaner.

Die Menschen, die sich entscheiden zu bleiben, müssen ihrem Ort ihr Leben einhauchen, sich für ihre Mitmenschen und die Umgebung einsetzen, in der Hoffnung auf Nachbarschaft und Lebensqualität. Der Mut zum Zusammenhalt, das Interesse an der Kultur und der respektvolle Umgang miteinander können die Dörfer nähren. Lebensraum für Kinder und Jugendliche, Erwachsene und Senioren muss auf der ganzen Insel wachsen. Auf einer Insel, so umstritten und beschworen wie sonst keine, geliebt und verspottet, lebt ein jeder Sylter sein Leben, und gemeinsam kann es lebenswert sein. Trotz der Verkäufe, der Grundstückspreise, der ewigen Vorurteile, trotz der Wohnungsknappheit, der zu hohen Mieten, trotz der mageren Perspektiven, trotz der Sylter, die Sylt den Rücken kehren, die Insel ist ein Zuhause. Ein Zuhause für noch genügend Menschen und genügend Nachwuchs, um Sylt zu prägen und die Schönheit und Einzigartigkeit der Insel zu erhalten.

Und was machen die Sylter mit den Steinen, die ihnen in den Weg gelegt werden? Einen Friesenwall bauen – harte Arbeit mit schönem Ergebnis.

Wenn Wolken am Strand aufziehen, die Menschen ihre Badesachen packen und sich in den Strandkörben verkriechen, starren die rutschenden Kinder Wenningstedts in froher Erwartung eines Regentanzes in den Himmel. Möwen kreisen unter den Wolken, und die Krebse buddeln sich ein.

Und wenn der Regen die Insel wäscht und die Erde nährt, das große Ganze davon zehrt, dann pressen Wolken auf uns ein, um danach ganz frei zu sein. Ausgewrungen tröpfeln sie das letzte Wässerchen Energie. Der Himmel klart, die Insel trocknet, das Meer rauscht uns ganz tief ins Ohr. »Sylter«, ruft es, »jeder Sylter trete laut und stolz hervor. Mache mich zu dieser Insel, die ich immer bleiben will, schenke mir dein Herz mit Seele, niemals soll es werden still.«

Und plötzlich kommt das Leben um die Ecke

Till legte seine Hände auf meine Wangen.

»Ich freue mich so sehr!«

Die Büsche in der Einfahrt meiner Großmutter schrien nach einem Schnitt. Tante Hannes ruhiger Gang hatte zuvor an der Abzweigung unseren Weg gekreuzt. Wie immer traf man sie beim Unkrautjäten oder Blätterfegen an ihrem Friesenwall an.

Ich streichelte mir über meinen Bauch und zog den Pulli glatt.

»Prost Nijaar!«, rief ich mit sommerlicher Wärme in die Stube. Till verdrehte die Augen. Oma Mutti jauchzte.

»Na so was, das ist ja eine Überraschung. Was macht ihr denn hier?«

Nicht, dass wir weit weg gewesen wären, schließlich lebten wir alle im selben Dorf, doch wir ließen uns viel zu selten blicken.

»Wir wollen dich einfach besuchen«, strahlte ich sie an. Sie schob sich mit ihrem Rollator in die Küche. Überall standen Mitbringsel aus Bayern wie sämtlicher Kitsch aus Porzellan, Kissen und Decken. Erinnerungen an die Urlaube im Berchtesgadener Land.

Die Katze schlich an mir vorbei. Oma scheuchte sie mit fuchtelnden Händen davon, und das Tier gehorchte. Sie hatte die Katze gut im Griff, im Gegensatz zu allen anderen, dachte ich. Oma Mutti war zwar einmal, aus Notwehr, weil sie den Rollator auf dem Schwanz des Tieres geparkt hatte, von ihr attackiert worden, was eine pflaumengroße, Blut spritzende Wunde, die genäht werden musste, hinterließ, aber ansonsten waren sie richtig dicke Freude. Das jedoch, was meiner Mutter und ihrem Schwager einst ohne Oma in der Küche passiert war, war kaum zu toppen. Unbehelligt wollten sie lediglich etwas aus der Wohnung holen, als die Katze bereits die Krallen nach ihnen spreizte. Wie aus dem Nichts griff das Tier die beiden wild fauchend und mit angelegten Ohren an. Mit einem Satz sprang meine Mutter schreiend auf die Sitzbank, klammerte sich an einem der Alpenkissen fest und versuchte, das Tier davonzuscheuchen. Die Katze witterte das nächste Opfer und stürmte auf meinen Onkel zu, der wie gebannt an der Küchenzeile stand und nach einem sicheren Ort suchte. Sein Puls schlug schneller als die Kuckucksuhr. Meine Mutter japste, mein Onkel schwitzte. Die Katze kroch auf ihn zu, fauchend wie ein Tiger. Das war die Chance für meine Mutter. Sie sprang von den Polstern, rutschte über die Fliesen, rannte in den Flur und warf die Tür hinter sich ins Schloss. Ihr Schwager blieb schweißgebadet zurück, während die gelben Augen ihn bedrohten. Schwarz wie Pech saß sie vor ihm.

»Hilfe!«, rief er aus der Küche. »Du kannst mich doch nicht zurücklassen!«

Sie stand im Rahmen und hielt den Türgriff fest umschlungen.

»Ich suche etwas, womit ich dich retten kann, warte da!«

»Ha ha, wie witzig. Beeil dich lieber, die zeigt schon ihre Zähne.«

Wie angewurzelt drückte er sich gegen den Kühlschrank. Seine Augen suchten alles nach möglichen Waffen zur Wehr ab, doch die Katze saß lauernd vor ihm, bereit zum Kampf, falls er nur zucken sollte. Seine Brillengläser beschlugen. Meine Mutter rannte in die Garage, schnappte sich ein Paar Arbeitshandschuhe, einen Mopp und ein Tablett und eilte zurück.

»Lebst du noch?«, schrie sie durch einen Spalt.

»Ja, jetzt komm rein, sie bewacht mich.«

»Okay, ich zähle bis drei«, sagte meine Mutter und zupfte sich ihre Rüstung zurecht.

»Eins, zwei, drei.«

Sie stemmte die Tür mit einem Ruck auf, die Katze drehte sich zu ihr, der Wischmopp flog wenig ritterlich in Richtung Tier, mein Onkel rannte raus, und die Tür fiel wieder zu. Außer Atem lehnten sich beide an die Flurwand und fingen an zu prusten. Ihre letzte Amtshandlung in dieser Wohnung, schworen sie sich. Als sie durch das Fenster in die Küche schauten, sprang die Katze wie ein gieriger Löwe gegen die Scheibe. Der Schock war groß.

Omas Räuspern holte mich in die Gegenwart zurück. An ihrem Rollator baumelte neben einer Fahrradklingel ein Fuchsschwanz. »Möchtet ihr etwas trinken?«, fragte sie. Mit faltiger Haut, silbernen Haaren, verlorenen Pfunden und einer Thailandbräune, die Sylt ihr bescherte, mit Liebe in ihrem Blick.

Ich nickte, stand auf und holte uns ein Glas Wasser. Wir plauderten eine Weile, bis es aus mir herausplatzte.

»Oma, wir müssen dir etwas sagen.«

Ich griff in meine Tasche und holte das Ultraschallbild raus. Ich legte es in ihre zittrigen Hände.

»Ich bin schwanger«, sagte ich überglücklich.

Tränen schossen ihr in die Augen, und sie japste nach Luft.

»Nein, ich glaub es ja nicht. Herzlichen Glückwunsch, mein Mäuschen.«

Ich ging zu ihr und schloss sie in meine Arme.

»Wie weit bist du denn?«, wollte sie wissen.

Tills Blick ruhte auf uns.

»Im dritten Monat, Oma, und es geht mir prächtig!«

Ich zog den Pulli enger, doch der Bauch hatte sich versteckt.

»Oh mein Mäuschen, ich werde Uri. Ich finde gar keine Worte!«

Ihre Augen glänzten, und ihr Blick war voller Hoffnung.

»Wir können es auch noch gar nicht fassen. Ich bin so froh, dass ich wieder zurück auf Sylt bin. Stell dir vor, wir müssten ein Kind in der Stadt großziehen.«

Oma Mutti wischte sich eine Freudenträne mit einem Taschentuch weg und nickte mir zu.

Die Welt auf der Insel tickt für Kinderherzen etwas anders. Gerade in Morsum kann ein neues Leben behütet und umsorgt wachsen. Überall wachsame Augen der Nachbarn, Autos, die das Tempo in den Straßen vorausschauend drosseln. Es ist etwas sorgenfreier für einen kleinen Schatz.

Das flaue Gefühl im Bauch hatte sich nach kurzer Zeit verabschiedet, nur Schläfrigkeit überkam mich hin und wieder, was mich überzeugten Langschläfer nicht wunderte. Dass Till meist nach mir ins Bett kroch und vor mir aufstand, daran waren wir auch vor der Hormonumstellung gewohnt gewesen.

Leider konnte ich nicht mehr jedem die freudige Botschaft überbringen.

Opa Hans war kurz nach einem Beinbruch nicht mehr in die Gänge gekommen. Er war ins Pflegeheim gezogen, was ihn ärgerte, doch er hatte Glück, überhaupt einen Platz bekommen zu haben. Die Bettenzahl auf Sylt war begrenzt, und es war nicht für jeden Insulaner möglich, heimisch alt zu werden. Die Situation war nicht leicht gewesen. Opa war etwas tüdelig und dazu ein wahnsinniger Sturkopf. Er wollte nicht weg, doch Oma hätte es selbst mit unterstützender Pflegekraft nicht geschafft. Er bekam in der Nähe der Nordseeklinik ein Zimmer, und wir alle besuchten ihn, stiefelten mit ihm in das Waldstück Friedrichshain zum Kaffeetrinken oder schoben ihn im

Rollstuhl durch die Straßen. Manchmal erzählte er wirre Geschichten, weswegen wir ihn nicht mehr ganz für voll nahmen. Eines späten Abends rief er bei meiner Oma an und jammerte durch das Telefon. Panisch lag er im Bett und flüsterte die ganze Zeit vor sich hin.

»Da krabbelt einer durch das Zimmer. Ich werde umgebracht. Das ist Mord, ihr müsst mich retten.«

»Ach Hans, jetzt wirst du ja völlig verrückt!«, sagte Oma leicht besorgt.

»Nein, es stimmt. Hilf mir, hol mich hier raus!«, wisperte er.

Oma beruhigte ihn und versprach ihm, sich zu kümmern.

Plötzlich kam meine Tante in ihr Wohnzimmer.

»Vaddern hat gerade angerufen. Ich glaube, jetzt dreht er durch!«

Oma saß mit zusammengekniffenen Lippen auf ihrem Sofaplatz.

»Lass uns lieber im Heim anrufen. Ich mache mir doch Sorgen, ich glaube, er hat geweint!«

Meine Tante rief im Pflegeheim an, damit jemand nach dem ans Bett gefesselten alten Mann sah. Als sie gerade aufgelegt hatte, rief Opa wieder an. Er schluchzte in den Hörer.

»Nun helft mir doch, ich werde umgebracht. Hier kriecht jemand umher!«

Meine Tante schluckte, sprach ihm gut zu. Plötzlich war im Hintergrund eine energische Männerstimme zu hören, die Opas Angst augenblicklich zu unterbrechen schien.

»Frau Hansen, was machen Sie denn hier? Raus da, aber zackig!«

Opa stieß ein erleichtertes Stöhnen aus, und der Mann übernahm das Gespräch.

»Ich entschuldige mich für die Unannehmlichkeiten! Frau Hansen ist etwas durcheinander. Wir haben es verpasst, sie einzusperren.«

Meine Tante bekam einen hochroten Kopf.

»Das kann ja wohl nicht angehen! Was wollte sie bei meinem Vater? Er hätte beinahe einen Herzschlag erlitten.«

Die Stimme räusperte sich.

»Frau Hansen schleicht durch die Flure, krabbelt durch die Zimmer und zieht die Stecker aus den Steckdosen. Wir vermuten, dass sie Angst vor einem Brand hat. Aber ich versichere Ihnen, dass wir uns um Ihren Vater kümmern!«

Meine Tante bat darum, mit Opa sprechen zu dürfen. Sie beruhigte ihren Vater mit sanften Worten und tröstete ihn.

Als sie Oma Mutti erzählte, was passiert war, dauerte es einen Moment, bis der Schreck überwunden war, doch einen Tag später stießen sie über die Verrücktheit in lautes Gelächter aus.

»Das gibt es doch nicht. Ich dachte, er will mich wieder veräppeln, und dann kriecht da tatsächlich jemand durch die Dunkelheit.«

Opa hatte den Schreck überstanden, doch seine Lebenstage schwanden dahin, bis er die Augen schloss. Für immer. Meine Oma ging von dort an ihren Weg. Sie rollte sich mit ihrem Rollator durch die Westerländer Innenstadt, besuchte mit dem Zug den Wochenmarkt in Husum und unternahm viel mit ihren Freundinnen. Meine Mutter und Oma Mutti saßen des Abends oft zusammen und erzählten sich aus ihrem Leben. Dass Oma jetzt ein drittes Mal »Uri« werden sollte, war das Größte für sie.

Ich strotzte vor Leben. Vor neuem Leben. Friedas Sechsmonatsbauch hüpfte kichernd auf und nieder, als ich ihr das Ultraschallbild zeigte.

»Kerin, wir werden zusammen Mutter, ist das nicht fantastisch?«, jauchzte sie.

»Besser geht es doch nicht. Die Kleinen können zusammen groß und Freunde fürs Leben werden, wie wir damals.«

Da unsere Mütter genauso wie wir am engsten miteinander waren, malten wir gern dieses Luftschloss. Dass die unmittelbare Nachbarschaft von damals sich heute auf zwei unterschiedliche Orte verteilte anstatt auf zwei Straßen, schürte leichte Zweifel. Frieda trug ihr zweites Mädchen unterm Herzen. Ihr Uterus war darauf programmiert, kleine Geschöpfe mit Zöpfen und in rosa Kleidchen zu gebären. Und wenn es doch ein Junge schaffte, dann mit einer Vorliebe für Pink.

Unser Wohnzimmer quoll über vor Umstandsmode, die Baumwollkleidchen meiner Cousine saßen perfekt, sodass mein Bauch in Ruhe mit meinem Baby wachsen konnte. Der angeraute Stoff auf Bauchhöhe verriet, wie oft ihre Hände ihre runde Babykugel gestreichelt haben mussten. Till und ich genossen die letzte Zeit zu zweit. Ganz klar, dass der Nachwuchs erst mal alles auf den Kopf stellen würde. Für den Sonntagsspaziergang um die Odde fehlte mir die Luft, dafür liefen wir am Watt zwischen Munkmarsch und Keitum auf den Holzstegen und Sandwegen, die einen durch die unberührte Landschaft leiteten. Wir standen auf der Lügenbrücke und sahen in die Weite. Unzählige Kinder mussten, nachdem sie das Märchen gehört hatten, wonach die Holzlatten nach Spinnereien und Lügen unter ihren Füßen einstürzen würden, mit pochenden Schritten darüber gerannt sein, bevor sie saniert wurde.

Märchenhaft stand sie am Wattenmeer, ein Siel floss unter ihr hindurch, die Romantik umschloss die Holzpfähle, und Träume stiegen in die Luft. Wir belohnten uns mit einem Kaffee – für mich entkoffeiniert, für Till mit Dampf – in der Gastronomie zur Mühle und saßen in der späten Mittagssonne auf der attraktivsten Terrasse Munkmarschs, während Morsum von Weitem leuchtete. Nach sechs Beziehungsjahren, einer bevorstehenden Hochzeit, die nicht eilte, und einem Kind unserer Liebe ließen wir den Tag mit melodischem Wattenmeergesäusel ausklingen.

Meine Mutter hielt kaum noch an sich.

Ich liebte den Gedanken, sie nah bei mir zu haben, in Oma Matches Wohnung, einen lauten Schrei von uns entfernt. Ich wusste, auf sie war Verlass, zu jeder Tages- und Nachtzeit.

Die Schwangerschaft verlief wie am Schnürchen. Wenn ich mit wachsender Front durch das Dorf stolzierte, saugte ich die neugierigen Blicke, die meine Rundung musterten, freudig in mich auf.

Es gab nur ein Problem. Die Geburtsstation Sylts war seit einiger Zeit geschlossen, und Schwangere und Neugeborene waren durch den Damm von einer sorgloseren Entbindung weit entfernt, wenn die werdenden Eltern sich, wie wir, gegen eine Hausgeburt entschieden. Lieber auf Nummer sicher, das war unsere Devise. Also keine Salami, kein Aal und definitiv eine Klinik.

Doch wo ging man als Sylter hin?

Und würde mein Kind trotzdem Sylter sein?

Dass im Personalausweis der Geburtsort Westerland stand, kam äußerst selten vor, und auf einmal war ich selbst betroffen.

Ich traf auf andere schwangere Frauen, beim Yoga, beim Vorbereitungskurs, auf Kleidermärkten wie im Wartezimmer meiner Ärztin, und alle hatten ein Thema.

Wo gehen wir wann hin?

Dem Rat, die Insel zwei Wochen vorm errechneten Entbindungstermin zu verlassen – bevor man unter Wehen ausgeflogen oder mit dem Krankenwagen nach Flensburg gebracht werden musste –, zu folgen, gestaltete sich schwierig. Für Familien, die bereits ein oder mehrere Kinder hatten, undenkbar. Und als Hochschwangere, ohne Partner an der Seite, weil dieser noch arbeiten musste, in einer Warteschlange auf dem Festland vor sich hin zu vegetieren, war keine erfreuliche Vorstellung für die werdenden Mütter, die mit schlottrigem Gefühl auf den Entbindungstermin zusteuerten. Es kam hinzu, dass die Kliniken um die vierzig Kilometer von Niebüll entfernt lagen und Husum und Flensburg für Geburten an der ganzen Nordspitze zuständig waren.

Auf Sylt gab es mehr Schwangere denn je. Überall liefen werdende Mütter durch die Straßen, schlemmten sich durch den Tag und legten des Abends wieder die Füße hoch, um mit dem werdenden Vater die Frage der Fragen zu klären. Man fuhr aufs Festland, um sich die Kliniken anzugucken, die Hebammen hatten alle Hände voll zu tun, und es wurden weitere Frauen schwanger.

Sylt im Babyboom.

Die Frage der Klinik hatte sich auch für uns nach Besichtigungen geklärt.

Wir hatten uns für Heide, eine Stadt in Schleswig-Holstein, entschieden. Die Krankenkasse übernahm aufgrund der Entfernung zwar kein Boarding – einen Unterkunftsplatz für werdende Mütter –, aber der Klinik eilte ein guter Ruf voraus, und im Notfall war die ärztliche Versorgung nur einen Flur vom Kreißsaal entfernt.

Wenn schon kein Sylter Baby, dann die in unseren Augen beste Versorgung. Tills Eltern buchten uns zehn Tage vor dem errechneten Termin eine Ferienunterkunft, eine verwunschene Dachgeschosswohnung unter Reet, um das Warten erträglicher zu machen.

Der Tag der Entbindung rückte immer näher, die Unruhe auf der Insel stieg. Viele der Schwangeren hatten ihren Termin, meist spektakulär, hinter sich gebracht. Friedas Glück lag bereits in ihren Armen und schlummerte und trank sich durch den Tag. Sie hatte mir Heide als Geburtsort nur empfehlen können, sie schwärmte regelrecht von den Hebammen und Ärzten. Ihre Familie war vollkommen. Ein Mann, zwei Kinder und ein Strahlen wie tausend Sterne.

Diejenigen, die eine Hausgeburt anstrebten, landeten mitunter vor Wehen kreischend auf dem Bahnsteig, während der Zug auch noch ausfiel. Der Krankenwagen kreiste seine Runden, über den Autozug, Wagenwechsel in Niebüll und weiter Richtung Geburtsklinik. Eines der Kinder erblickte noch im Krankenwagen auf dem Sylt Shuttle das Licht der Welt. Kurzerhand fuhren sie mit dem nächsten zurück und ab nach Hause. Da weder Mutter noch Kind den Festländer Boden berührt hatten, konnten sie als Geburtsort Sylt angeben.

Nicht selten wurden Schwangere in letzter Minute ausgeflogen oder warteten mitunter drei Wochen auf dem Festland in einer Boardingstation.

Unser Abreisetermin stand vor der Tür. Meine Mutter hielt mich fest in den Armen.

»Ich komme dich besuchen, Schatzi. Mach dir keine Sorgen, ja?«

Ich nickte. Die Reisetaschen waren gepackt. Käuzchen und Schafi – meine Stofftiere, Letzteres recht zerrupft – saßen zur Unterstützung in meiner Handtasche. Ohne sie würde ich den Kreißsaal nicht betreten. Ich fühlte mich gut, der Bauch machte mir weder zu schaffen, noch wollte ich ihn missen. Die Vorstellung, dass er bald verschwunden sein und mein Baby nicht mehr gegen seine Wände treten würde, fand ich merkwürdig, wenn ich mich auch freute. Unsere Nachbarn fuhren mit erhobenen Daumen an uns vorbei – alle fieberten mit.

Die Ferienwohnung war ein Traum aus offenen Decken bis zum First, gemütlichen Möbeln und einem kleinen Bett, etwas außerhalb vom Trubel, aber nah genug für den Notfall. Bei den regelmäßigen Untersuchungen in der Klinik ließen die Schreie der Frauen, die durch die Flure und Fenster drangen, mich verkrampfen. Doch bei mir tat sich nichts. Mein Baby wollte drinnen bleiben. Ich aß fast täglich Scharfes vom Chinesen, saß in der großen Fensterfront und sah den Schnee auf die Wiesen rieseln. Frieda munterte mich mit einem Geburtspäckchen voll mit Tee, Stilleinlagen, einem Buch und weiteren Helferlein auf.

Als wir nach einer der letzten Untersuchungen das Krankenhausfoyer verließen, schrie eine Frau vor der Drehtür. Sie klammerte sich an ihren Mann, ihre Beine sackten zusammen, und ihre Schreie versetzten mir einen Stich, während er sie anflehte, stehen zu bleiben. Ihre Stimme übertönte jedes Geräusch, und alle starrten sie an. Mit weit aufgerissenem Mund stand ich vor ihr, bis Till mich am Arm packte und hinauszog. Ich umklammerte seine Hand, und ein Schwall aus Tränen überkam mich. Die Angst hatte mich eingeholt. Der Respekt vor dem Geschehen war groß, wie die Sorge um mich und mein ungeborenes Kind.

Till hielt mich ganz fest, überdeckte mich mit Küssen und flüsterte mir aufmunternde Worte ins Ohr. Er lenkte mich ab. Wir machten Ausflüge an die Küste Büsums, schlenderten durch die Gassen Friedrichstadts, voller Hoffnung auf das Neue. Der Januar war kalt, und der Frieden löste sich im Untersuchungszimmer von uns und schwebte davon.

»Wir müssen die Geburt einleiten!«, sagte eine Ärztin zu mir.

Ich saß in dem sterilen Raum und bekam einen Schreck.

»Aber warum? Ich bin doch erst zwei Tage drüber!«

Sie sah mich ernst an.

»Sie haben zu wenig Fruchtwasser, das ist nicht gut.«

Till erhob seine Stimme.

»Und was bedeutet das für meine Frau und mein Baby?«

Die Ärztin rückte näher heran.

»Das Risiko einer Totgeburt steigt.«

Ich schnappte nach Luft. Till sprang auf.

»Alles klar, dann mal los!«

Ich stockte, total überfordert von der Situation. Da hatte ich mich mit Yoga und Akupunktur immer dem Schritt einer natürlichen Geburt genähert, und dann haute sie mir solche Worte um die Ohren.

Die Ärztin sah mich an, und ihre Stimme wurde sanft.

»Sie können auch warten, doch das Kind auf natürlichem Weg auf die Welt zu bringen, wird mit der Zeit riskanter.«

Ich klammerte mich an Tills Unterarm.

»Oh nein, ich möchte nicht, dass sie mir den Bauch aufschneiden!«, japste ich.

Der Satz mit der Totgeburt hatte die Entscheidung von uns genommen. Natürlich waren wir jetzt gezwungen, das Krankenhaus nicht mehr zu verlassen.

»Okay, wann geht es los?«, fragte ich verstört.

»Morgen. Sie fahren jetzt in ihre Unterkunft, ruhen sich aus, und morgen Mittag bekommen sie ihre erste Tablette, und dann schauen wir weiter. Vielleicht wirkt es auch nicht, und die Einleitung streckt sich über mehrere Tage.«

Ich war völlig außer mir. Meine Mutter und Schwiegermutter reisten an, um mich zu trösten und zu halten. Mit noch schärferem Essen hoffte ich auf die Wehen, doch sie kamen nicht. Am nächsten Tag bezogen wir unser Familienzimmer. Die Hebammen und Ärzte kümmerten sich rührend. Jeder hatte ein gutes Wort und viel Geduld für uns. Das Familienzimmer stand uns bis drei Tage nach der Entbindung zur Verfügung, und ein Doppelbett versüßte uns die Zeit. Die Klinik bot mittlerweile das Boarding für die Insulaner der Nordseeküste auf eigene Kosten an und machte sich damit viele Freunde.

Des Mittags reichte mir die Hebamme einen schnapsglasgroßen Plastikbecher mit der Tablette, die mein Baby holen sollte.

Till küsste mich, setzte sich neben mir auf die Pritsche und legte seinen Arm um meine Schulter.

»Alles wird gut, mein Liebling. Versprochen. Das kriegen wir gemeinsam hin.«

Im Taumel von Schmerzen und Medikamenten, liegend in der Wanne, hechelte ich mich durch die Stunden. Mit zwei Hebammen, einer Ärztin und meinem Mann an meiner Seite gebar ich mein größtes Glück auf der Welt.

Mein Baby.

Unser Baby.

Epilog – Herzklopfen

Till guckt mich durch den Rückspiegel des Autos an.

»Alles gut bei euch?«

Ich lächle müde. Die Fahrt von Heide bis zur Autoverlade-rampe hat mir zugesetzt. Erschöpft grinse ich ihm zu. Der Zug ru-ckelt uns durch die Nordsee. Schafi und Käuzchen sitzen neben mir auf der Rückbank und schauen uns mit großen Augen an. Ich lehne mich zurück und gucke kurz über das Meer. Da ist es wieder. Das Meer und so viel mehr. Ich lehne meinen Kopf schräg an die Stütze und greife nach der kleinen, zur Faust geballten Hand. Die zarten Finger umschließen die meinen, als wollten sie es für immer tun. Vorsichtig streichle ich mit meinem Daumen über den winzigen Handrücken, und unendliche Liebe überkommt mich. Die in Rosa gefärbten, schmalen Bäckchen ruhen, und der rote Schmollmund schlummert. Mein Baby schläft friedlich neben mir. Die tiefschwar-zen Augen erholen sich unter den Augenlidern von den Strapazen der neuen Welt. Der Atem hebt den Brustkorb an und lässt ihn wie-der sinken. Ich ziehe die weiße Baumwolldecke über den kleinen Körper, der mir viel zu winzig für diese Erde erscheint. Zerbrech-lich. Verwundbar. Ich kann es kaum erwarten, mein Kind wieder an mich zu nehmen. Ich will es halten, ein Leben lang in meinen Armen, mit dem würzigen Duft seiner Haut in meiner Nase, dem Saugen an meiner Brust und dem Schmusen an meiner Schulter. Ich rücke ganz nah und atme den Atem ein, wie ich es seit der Ge-burt ständig getan habe.

Als die Luft meines Babys meine Lunge berührt, öffnen sich in meinem Körper Millionen von Blumen, farbenprächtig und frisch.

Raps explodiert in meinem Kopf und paart sich mit der Sonne, die meine Adern durchflutet. Wellen rauschen durch mein Gehör und saugen jedes kleinste Geräusch meines Babys auf. Das Rattern des Zuges verschwindet in einem Nichts. Der Hindenburgdamm schaukelt uns auf Morsum zu, das Inselufer rückt immer näher. Till dreht sich zu mir und tätschelt mir das Bein.

»Guck aus dem Fenster, ja?«

Ich schaue mein Baby an. Nichts Schöneres könnte ich je wieder in meinem Leben sehen, wozu also aus dem Fenster gucken? Ich lehne mich weiter hinüber, und meine Lippen küssen die Wärme. Ich küsse die Wangen, die Stirn, den Kopf und den Mund. Unberührt von meinen Liebkosungen verschläft unser Glück seine Ankunft im neuen Zuhause.

»Los jetzt, guck aus dem Fenster!«, ermahnt mich Till.

Ich erlaube mir einen Blick nach vorn, nur ganz kurz, bevor mein Baby mich wiederhat.

Am Eingang Sylts, wo der Zug auf die Insel fährt, flattert etwas Weißes.

Mein Herz springt auf. Es erinnert mich an früher. An diesem Platz haben wir Freunde willkommen geheißen oder verabschiedet. Ich öffne das Fenster.

»Ist das Mama?«, frage ich Till aufgewühlt. Er lächelt.

Der Zug fährt weiter, das Banner rückt immer näher, und dann sehe ich sie. Meine Mama und ihre Freundin stehen winkend mit einem weißen Laken in der Hand am Eingang Morsums und springen in die Luft. Ich hänge mich aus dem Fenster. Bunte Buchstaben leuchten durch die Winterkälte.

Ich lese, ich schlucke, ich japse nach Luft.

Herzlich willkommen, kleiner Sylter!

Ein Schwall aus Tränen überkommt mich. Schluchzend sitze ich auf der Rückbank und werfe mir die Hände vors Gesicht, während ich ungehalten zu heulen anfange. Alle freudigen Emotionen, die ich je zuvor gefühlt habe, verblassen in diesem Moment. Pures Glück brennt in mir auf. Liebe, stärker als das Universum, überkommt mich, sprengt alle Räume meines Herzens und füllt es mit ganzer Macht.

Ich beuge mich wieder über mein Baby und streichle das winzige Gesicht, um meine Lippen darauf zu betten. Der süßliche Kuss schweißt mich an mein Kind.

»Endlich bist du da, mein Schatz! Ich liebe dich!«, flüstere ich in das kleine Öhrchen. »Endlich sind wir zu Hause!«

Üüs Söl'ring Lön'   Unser Sylter Land

Üüs Söl'ring Lön', dü best üüs helig	Unser Sylter Land, du bist uns heilig
Dü blefst üüs ain, dü best üüs Lek	Du bleibst unser eigen, du bist unser Glück
Din Wiis tö hual'en, sen wü welig	Deine Sitten zu halten, sind wir gewillt
Di Söl'ring Spraak auriit wü ek	Die Sylter Sprache vergessen wir nicht
Wü bliiv me di ark Tir forbün'en	Wir bleiben mit dir jede Zeit verbunden
Sa lung üs wü üp Warel' sen	Solange wir auf Erden sind
Uk diar jaar Uuning bütlön' fün'en	Auch die ihre Wohnung auswärts gefunden
Ja leng dach altert tö di hen	Sie sehnen sich doch immer zu dir hin
Kumt Riin	Kommt Regen
Kumt Senenskiin	Kommt Sonnenschein
Kum junk of lekelk Tiren	Kommen dunkle oder glückliche Zeiten
Tö Söl' wü hual' – Aural;	Zu Sylt wir halten überall
Wü bliiv truu Söl'ring Liren	Wir bleiben treue Sylter Leute
Di Seewinj soong me litjem Suusin	Der Seewind sang mit leisem Sausen
Hur ik üp Söl' üs Dütji slöp	Wo ich auf Sylt als Säugling schlief
Fan Strön' jertik dit eewig Bruusin	Vom Strande hört' ich das ewige Rauschen
Üs ik bi Mooters Hun' jit löp	Als ich an Mutters Hand noch lief
Ik haa di Stairer al bihöl'en	Wir haben die Stätten alle in Erinnerung
Diar jens üüs Jungens Hemelrik	Die einst unser Kindheitsparadies
Di Teft ön Uursem, fol fan Krölen	Die Toft, im Frühjahr voll von Feldblumen
Üüs Spölplaats bi di Bosk üp Dik	Unsern Spielplatz bei dem Busch auf dem Wall

Kumt Riin	Kommt Regen
Kumt Senenskiin	Kommt Sonnenschein
Kum junk of lekelk Tiren	Kommen dunkle oder glückliche Zeiten
Tö Söl' wü hual' – Aural;	Zu Sylt wir halten überall
Wü bliiv truu Söl'ring Liren	Wir bleiben treue Sylter Leute
Üüs Taachten hual' jit fast omslüngen	Unsere Gedanken halten noch fest umschlungen
Wat üüs fan litj ap wert en lef	Was uns von klein auf wert und lieb
Üüs Terp, hur wü tö Skuul jens gingen	Unsre Wiesen, unsre Heide, den Weg
Üüs Mark, üüs Hiir', di Wai bi Klef	am Kliff
Ark Stich, hur wü üs Jungen ronen	Jeden Weg, den wir als Kinder rannten
Ark Stegelk, diar aur Eeker gair	Jeden Fußsteig, der über die Äcker führt
Di Hooger, hur wü Biike bronen	Die Hügel, wo wir Biikefeuer brannten
Hat es jit ales üp sin Stair	Es ist noch alles auf der alten Stelle
Kumt Riin	Kommt Regen
Kumt Senenskiin	Kommt Sonnenschein
Kum junk of lekelk Tiren	Kommen dunkle oder glückliche Zeiten
Tö Söl' wü hual' – Aural;	Zu Sylt wir halten überall
Wü bliiv truu Söl'ring Liren	Wir bleiben treue Sylter Leute
Di Hooger se sa stolt wü liien	Die Hügel sehen so stolz wir liegen
Üüs Fuartirs Kempers wiili diar	Unsrer Vorzeit Helden ruhen dort
Ual' Tialen weet üüs jit tö siien	Alte Sagen wissen uns noch viel zu melden
Wat ön forgingen Daagen wiar	Was in vergangnen Tagen war
Üüs Fuarfaarn haa fuul hön'ert Jaaren	Unsere Vorfahren haben viele Hundert Jahre
Jir pluuget en jaar Aarber dön	Hier gepflügt und ihre Arbeit getan

En uun wiar-s, fiir aur See tö faaren	Und gewohnt waren sie weit übers Meer zu fahren
Man Söl'ring bleev-s üp See en Lön	Aber Sylter blieben sie zu See und Land
Kumt Riin	Kommt Regen
Kumt Senenskiin	Kommt Sonnenschein
Kum junk of lekelk Tiren	Kommen dunkle oder glückliche Zeiten
Tö Söl' wü hual' – Aural;	Zu Sylt wir halten überall
Wü bliiv truu Söl'ring Liren	Wir bleiben treue Sylter Leute
Üüs Söl'ring Lön', dü best üüs helig	Unser Sylter Land, du bist uns heilig,
Dü blefst üüs ain, dü best üüs Lek	Du bleibst unser eigen, du bist unser Glück!
Gair-t aaft üp Warel' uk forskelig	Geht es oft auf Erden auch verschieden
Üüs Spraak en Wiis auriit wü ek	Unsere Sprache und Sitte vergessen wir nicht
Let altert, wan ön frügelk Stün'en	Lasst immer, wenn in frohen Stunden
Wü fan üüs Ailön' sii en sjung	Wir von unserm Eiland singen und sagen
Üüs lööwi: Wü wel, truu forbün'en	Uns geloben: Wir wollen treu verbunden
Üs Söl'ring frai döört Leewent gung	Als Sylter brav durchs Leben gehn
Kumt Riin	Kommt Regen
Kumt Senenskiin	Kommt Sonnenschein
Kum junk of lekelk Tiren	Kommen dunkle oder glückliche Zeiten
Tö Söl' wü hual' – Aural;	Zu Sylt wir halten überall
Wü bliiv truu Söl'ring Liren	Wir bleiben treue Sylter Leute

Text: C. P. Christiansen, 1909
Übersetzung: www.volksliederarchiv.de/unser-sylter-land-du-bist-uns-heilig/

Danksagung

Es ist Zeit danke zu sagen, und das von Herzen.

Ich möchte mich bei allen Menschen, die mich bei meinem Buch unterstützt haben, bedanken. Als erstes ein ganz großes Dankeschön an Sina Beerwald, für dein Vertrauen, deinen Glauben, die Tipps, Tricks und Ratschläge sowie die vielen lustigen und produktiven Stunden in der Schreibwerkstatt. Und dass ich auf diesem Weg meine Lieblings-Bärbel kennenlernen durfte.

Vielen Dank an die Mädels vom Verlag und meiner Lektorin Susanne Röltgen für eine ganz fantastische Zusammenarbeit. Ihr seid klasse!

Doch am allermeisten danke ich meinem »Till«, der mich von erster Sekunde an unterstützt hat wo er nur konnte und mir in all seinen freien Minuten die Möglichkeit geschaffen hat, dass ich ungestört an meinem Buch arbeiten konnte. Ohne dich hätte ich es nicht geschafft, du bist und bleibst einfach der beste Mann, den es je gegeben hat. Danke, dass du an meiner Seite bist, ich liebe dich! Zudem danke ich dir, wie auch meiner Mama (beste Mama der Welt), und auch »Frieda« (beste Freundin der Welt) für das ganze Futter, mit dem ich mein Buch füttern konnte. Ihr seid großartig! Und danke an Papa, ich denke an dich.

Ich danke jedem, der mich bisher für kurz oder lang ein Stück in meinem Leben begleitet hat. Am liebsten hätte viele von euch erwähnt, doch das hätte den Rahmen eindeutig gesprengt. Jedes Familienmitglied, jede Freundschaft, jede Bekanntschaft, ich danke euch für die gewechselten Worte, das Lachen und das Mosern, das

Winken und Schwofen, danke für ein jedes »Moin«, es war und ist mir eine Freude. Meinen fröhlichen Dirndl-Mädels gilt: Lasst uns lachen, lasst uns tanzen, lasst uns immer weitermachen. Und ganz besonders wichtig: Danke an alle Leser, dass ihr euch die Zeit für meine Zeilen genommen habt. Das ehrt mich sehr.

Danke, danke, danke!

Impressum

Kerin Schmidt
Inselluft mit Honigduft
Mein Leben auf Sylt im Wechsel der Gezeiten
ISBN: 978-3-95910-205-6

Eden Books
Ein Verlag der Edel Germany GmbH
Copyright © 2019 Edel Germany GmbH, Neumühlen 17, 22763 Hamburg
www.edenbooks.de | www.facebook.com/EdenBooksBerlin | www.edel.com
2. Auflage 2021

Projektkoordination: Nina Schumacher
Lektorat: Susanne Röltgen
Umschlaggestaltung: Johanna Höflich
Umschlagabbildungen: © Shutterstock / Michael Thaler (Hintergrund) / katarinag (Mädchen)
Möwenillustration: Nenilkime / Freepik.com
Layout und Satz: Datagrafix GmbH, Berlin| www.datagrafix.com
Druck und Bindung: optimal media GmbH, Glienholzweg 7, 17207 Röbel/Müritz

Alle Rechte vorbehalten. All rights reserved. Das Werk darf – auch teilweise – nur mit Genehmigung des Verlages wiedergegeben werden.

Printed in Germany.

Dieses Buch ist auch als E-Book erhältlich.

Um die kulturelle Vielfalt zu erhalten, gibt es in Deutschland und in Österreich die gesetzliche Buchpreisbindung. Für Sie, liebe Leserin und lieber Leser, bedeutet das, dass Ihr verlagsneues Buch jeweils überall dasselbe kostet, egal, ob Sie Ihre Bücher gern im Internet, in einer großen Buchhandlung oder beim kleinen Buchhändler um die Ecke kaufen.

EDEL
FAMILY MEMBER